AF449721

Collana

Accademia

Il sapere a portata di tutti

Fra Antonio Luigi Gerundo

Etica della Vita e della Morte in san Francesco D´Assisi

Etica della Vita e della Morte in san Francesco d'Assisi
di Fra Antonio Luigi Gerundo
prima edizione: maggio 2021
© 2021, Santelli editore

Gruppo Editoriale Santelli

Santelli editore
Via Pietro Calamandrei, 1
Cinisello Balsamo, Milano, 20092
391.4602257
info@santellieditore.it
www.santellieditore.it

"Laudato si', mi' Signore
Per sora nostra Morte corporale,
da la quale nullo homo vivente
po' scappare: guai a quelli ke morrano
ne le peccata mortali;
beati quelli ke trovarà ne le Tue
santissime volutati, che la morte secunda
no 'l farrà male"

CANTICO DI FRATE SOLE

A mio padre Marco e mia madre Elena.
Per l'intramontabile freschezza e il loro sorriso, supporto
fondamentale nei momenti turbolenti che ho vissuto.
Sono stati per me un grande esempio di vita e di amore.
Il loro ricordo ha accompagnato il mio cammino
esistenziale e la mia gratitudine li ha seguiti.

PREFAZIONE

San Francesco d'Assisi è stato prima di tutto un uomo. Questo è ciò che mi ha sempre affascinato dei Santi, al di là di ogni tipo di credenza sono state Persone che hanno fatto del Bene.

Questo è innegabile ed è scritto nelle pagine di storia che raccontano miti senza tempo in grado di rinunciare a loro stessi per il bene comunque. Ed è per questo che ho una stima infinita verso persone come Francesco, uomo nato con dei privilegi ma ai quali ha saputo dire di no mettendo davanti alla ricchezza la sua infinità voglia di bontà, di privilegio.

Uscendo un attimo dal cristianesimo, dal cattolicesimo, da qualsiasi implicazione legata alla Chiesa Romana Cattolica quello che posso dire è che queste figure uniscono tutti, anche se purtroppo non sono venerate da tutti.

Questo perché anche di fronte al grande dubbio della Fede, a cui ognuno di noi è libero di dire sì o di dire no, ci sono questi uomini che il bene lo hanno fatto in maniera innegabile, mettendo molto spesso, se non sempre, il loro interesse dietro quello degli altri.

Fra Antonio Luigi Gerundo è una persona speciale, empatica e piena di sentimento. Questa sua opera mi ha commosso e ha tirato fuori la parte più vera, più reale di uno dei Santi più riconosciuti in Italia e amatissimo un po' ovunque.

Lo ringrazio per avermi permesso di averne fatto parte con questa mia piccolissima idea, spunto, che spero possa esservi d'aiuto per la lettura di un'opera completa, ben scritta e che soprattutto dimostra quello che dovrebbe dimostrare ogni cristiano: la voglia di bene che è dentro il suo autore.

Matteo Fantozzi - Scrittore, giornalista e critico cinematografico

ABBREVAZIONI E SIGLE

Scritti di Francesco d'Assisi

Am = Ammonizione.

Cant = Cantico delle Creature.

1Lf = Lettera ai fedeli (1° redazione).

2Lf = Lettera ai fedeli (2° redazione).

Rnb = Regola non bollata.

Rb = Regola bollata.

SalVirt = Saluto alle Virtù.

Pater = Parafrasi del Padre nostro.

Plet = Della vera e perfetta letizia.

LMin = Lettera a un ministro.

Lord = Lettera a tutto l'Ordine.

Test = Testamento.

Biografie di Francesco d'Assisi

2Cel = Vita seconda di Tommaso da Celano.

LegMag = Legenda Maggiore di San Bonaventura da Bagnoregio.

CAss = Compilazione d'Assisi (o Legenda Perugina).

Altre fonti e riviste

AFH = Archivum Franciscanum Historicum. Periodica pubblicatio trimestris, Quaracchi- Grottaferrata 1908 ss.

BISI = Bollettino dell'Istituto Storico Italiano per il Medio Evo e Archivio muratoriano, Roma 1886 ss.

DCV = Dietrich-Coelde Verlag, Werl 1984.

DF = Dizionario Francescano, Padova 1995.

DMS = Il dolore e la morte nella spiritualità dei secoli XII e XIII. Convegni del centro di Studi sulla spiritualità medievale, 5, 7-10 ottobre 1962, Todi.

EFB = Etica e Persona Duns Scoto e suggestioni nel mederno, Convegni di Studi, 18-20 febbraio 1993, Bologna.

EFR = Editrici Francescane.

EtFr = Etudes Franciscaines. Revue trimestrielle, Paris 1899 ss.

ItFr = Italia Francescana. Bimestrale di Studi Francescani, Roma 1926 ss.

L.I.E.F. = Libreria Internazionale Edizioni Francescane.

MF = Miscellanea Francescana. Rivista di Scienze Teologiche e Studi Francescani Roma 1886 ss.

RTM = Rivista di Teologia Morale, Bologna, 1969 ss.

VMin = Vita Minorum. Rivista di spiritualità Francescana, Venezia 1996 ss.

V.P.= Il Valore della vita. L´uomo di fronte al problema del dolore, della vecchiaia, dell´eutanasia, Atti del 54° corso di aggiornamento culturale dell´università cattolica, 2-7 settembre 1984, Roma.

VyV = Verdad y Vida. Revista trimestral de investigación científica y alta cultura, Madrid 1943 ss.

S.I.S.F. = Francesco D'Assisi e Francescanesimo dal 1216 al 1226. Atti del convegno internazionale di Studi, 15-17 ottobre 1976, Assisi

AA.VV. = Autori Vari.

Cfr./cfr. = Confronta.

Ed. / Edd. = A cura di.

IBIDEM = Stesso autore stessa opera.

IDEM = Stesso autore.

INDICE

CAPITOLO III

INTRODUZIONE

E' stato affermato più volte, che la morte rivela la vita, perché la morte non è che la conclusione del cammino percorso in vita. La morte è anche un'affermazione dello scopo della vita, altrimenti sarebbe un'esistenza priva di senso. Il mondo potrebbe portare avanti il suo piano senza Dio, se non ci fosse la morte. Quello che la morte è per un individuo, la catastrofe lo è per una civiltà: la fine della sua malvagità.

Questa è una fonte di angoscia per la mente moderna, perché non solo gli esseri umani devono morire, ma il mondo deve morire. La morte è una testimonianza negativa del potere di Dio in un mondo senza significato, perché con essa Dio porta l'esistenza priva di significato al nulla. Poiché Dio esiste, il male non può portare avanti la sua malvagità all'infinito.

Se non ci fosse una catastrofe, come ce la rivela l'Apocalisse, alla fine del mondo, l'universo sarebbe allora il trionfo del caos.

La morte dimostra anche che la vita ha significato, perché rivela che le virtù e il bene esercitato nel tempo non trovano il loro compimento se non nell'eternità.

L'uomo ha molta più paura di morire in un incidente ferroviario o automobilistico che non sul campo di battaglia o martire della propria fede. Ciò prova che la morte è meno terrificante e più densa di significato quando ci eleviamo al di sopra del livello dell'ordinario e ci solleviamo nel regno dei valori spirituali.

Il poverello d'Assisi, la sera del 3 ottobre 1226, nella valle di Santa Maria degli Angeli, morì cantando. Possiamo allora asserire che anche la sua vita fu un canto?

Certamente! Un canto a volte spiegato e a volte sommerso, un canto a volte di giubilo e a volte interrotto di gemiti, ma pur sempre un canto: un canto incessante al Dio Altissimo.

Se guardiamo da vicino la morte del poverello d'Assisi notiamo alcune caratteristiche che ci introducono alla riflessione e, perché no, al paragone. Anzitutto Francesco non subisce la morte, ma la vive da protagonista. Oserei dire che prepara la sua morte, sceglie come e dove morire, poiché, come è evidente, per Francesco la morte è un momento importante da vivere in piena consapevolezza.

Ora la morte appartiene all'esperienza personale di tutti noi. Possiamo dire che la morte spesso non viene vissuta, ma subita: di frequente, infatti, la persona muore senza accorgersene assopita nel sonno artificiale delle medicine, accompagnata dalla superficiale consolazione di parenti e amici che, raccolti attorno al capezzale, continuano a ripetere: «Speriamo che non se ne accorga!».

Se qualcuno propone di somministrare il sacramento degli infermi o di chiamare un ministro del culto «presbitero», si sente rispondere, con scandalizzata indignazione: «Ma è ancora cosciente! Non vorrà spaventarlo!»

Ma che cosa ha di umano questo modo di finire la vita? Che cosa ha di cristiano?

È vero che la morte è entrata nel mondo con il peccato che essa non avrebbe dovuto esistere. È vero che la morte è una lacerazione, una rottura. Ma anche vero che essa è la conclusione di un ciclo di vitale, come avviene per le piante, per gli animali, per ogni essere vivente sulla terra.

E allora, perché mai l'uomo sente la morte come una tragedia, una realtà terribile e spaventosa?

La morte è un tabù dei più inviolabili. Per questi uomini di oggi, così efficienti, cosi padroni della vita, del lavoro, dell'amore con la «A» maiuscola, la morte è un incidente che non dovrebbe mai avvenire.

Ecco l'interrogativo che a volte mi pongo, il perché di questo atteggiamento cosi incomprensibile. Per dare una risposta accurata a questa incertezza, dobbiamo capire la persona e il suo modo di vivere, dal suo nascere al fine vita. Come poter fare fronte a queste verità? Per avere delle risposte approfondite, possiamo setacciare molti percorsi, ma ne prendiamo in considerazioni solo alcuni, ad esempio, delegare qualcuno che già gode da tempo della sua confidenza, facendosi dare notizia, del suo modo di vivere e di pensare, oppure, quello di conoscerla direttamente e dare una valutazione, attraverso l'ascolto delle sue parole e dei suoi gesti.

Mutatis mutandis, la stessa cosa accade quando si vuole conoscere il poverello d'Assisi. La via più „affascinante" è quella di affidarsi ai suoi biografi, proprio per l'aspetto straordinario della sua figura sottolineato da questi ultimi.

L'ultimo tratto, da percorrere, è quello della sua stessa voce che giunge a noi attraverso i suoi Scritti. Facendo una attenda rilettura attraverso questi testi possiamo prendere in esame il vero Francesco, il suo pensiero e il suo vissuto[1].

I testi fatti redigere da Francesco godettero di grande importanza e popolarità durante la sua vita e negli anni successivi alla sua morte. Tutto ciò che riguarda la spiritualità e il vissuto del poverello d'Assisi, è giunto a noi, attraverso le numerose trascrizioni dei suoi Scritti[2].

Per molti secoli si verificò una sorta di noncuranza di questi testi, a favore dello sviluppo sorprendente della biografia di Bonaventura da Bagnoregio, Legenda Maior, una biografia più da ammirare che da imitare[3]. Un tentativo di ridare la

---

1   Cfr P. Messa (Ed.), Bonaventura da Bagnoregio, Vita di san Francesco, Letture del secondo millennio, Paoline, Milano 2009, 15-31.

2   Cfr L. Pellegrini, «Gli Scritti e la reinterpretazione della proposta francescana nella storia dell'Ordine minoritico», in: A. Cacciotti (Ed.), Verba Domini Mei. Gli Opuscula di Francesco d'Assisi a 25 anni dalla edizione di Kajetan Esser, Antonianum, Roma 2003, 117-118.

3   Cfr G. Miccoli, Gli Scritti di Francesco, in: Aa.Vv., Francesco d'Assisi e il primo secolo di storia francescana, Einaudi, Torino 1997, 55-56.

giusta attenzione a questi testi, fu operato dal frate Minore Luca Wadding, che nel 1623 pubblicò una raccolta degli Scritti di Francesco. Per una vera e propria svolta in merito, bisogna attendere la fine del XIX secolo, quando lo studioso e pastore protestante, Paul Sabatier, sottolineò l'importanza dei testi del Poverello, come giusta via per arrivare a comprendere la sua identità[4]. Il suo lavoro spronò il nascere della cosiddetta "Questione francescana", che avviò un vero e proprio fermento intorno alla figura di Francesco e che ebbe come frutto una mole non indifferente di produzione bibliografica, che non sembra ancora aver esaurito le sue potenzialità.

Quello che è chiaro a tutti gli studiosi è che gli Scritti di Francesco si fanno portatori del suo modo di comprendere Dio, se stesso, gli altri e il mondo[5].

Francesco non era un acculturato come alcuni suoi contemporanei, egli si auto-definisce «simplex et idiota»[6].

Ma allora perché tanto interesse per un uomo del genere? Forse perché la sua cultura, più che una scienza, è saggezza di fede e di vita[7]. E teologo non è solo chi studia per professione questa scienza. Quella di Francesco è una teologia che è profondamente legata alla vita ed elaborata non soltanto secondo le categorie della riflessione, ma anche secondo quelle esistenziali. Si menziona che mentre Francesco era in vita, un maestro domenicano, dopo aver ascoltato l'esposizione di un versetto del profeta Ezechiele, dichiarò ai fratelli del santo: «Fratelli miei, la teologia di quest'uomo, sorretta dalla purezza e dalla contemplazione, vola come aquila. La nostra dottrina invece striscia per terra»[8].

Il suo linguaggio è fondamentalmente biblico[9]. Nei suoi

---

4   Cfr P. Sabatier, Vita di Francesco d'Assisi, Porziuncola, Assisi 2009.

5   Cfr D. Dozzi, «L'antropologia di Francesco d'Assisi a partire dai suoi Scritti», in: G. Pasquale - P. Taneburgo, L'uomo ultimo. Per una antropologia cristiana e francescana, Dehoniane, Bologna 2006, 206.

6   PLet 11.

7   Cfr M. D. Chenu, La theologie au XIIe siecle, J. Vrin, Parigi 1957, 250.

8   Cfr 2Cel 103; LegMag 2.

9   Si veda Lord 5-13; in questo testo compaiono sette allusioni bibliche in

testi si immettono spontaneamente e esplicitamente intere frasi della Scrittura. Egli non si serve di frasi rituali di introduzione della Parola (come ad esempio „dice il Signore" o „così sta scritto"), ma fa proprio il linguaggio della Bibbia[10].

Detto questo allora, possiamo comprendere l'amore per la vita nella prospettiva della morte, come mezzo per giungere al fine "la Gloria Del Paradiso".

Nella sua vita Francesco aveva lodato Dio per «sorella morte corporale», la sua stessa morte, dopo tanti secoli, sembra una fiaba, tanto lontana dalla concezione e dal modo di morire «normale» dell'uomo moderno.

La morte di Francesco fu, come tanti avvenimenti della sua vita, un segno, un simbolo, un modello, un avvenimento carico di mistero, poiché Francesco riuscì a penetrare il mistero della sua morte.

Quel piccolo uomo consumato e piegato, che chiede di essere deposto nudo sulla nuda terra e di essere cosparso di cenere, possiede una forza ieratica. É nella morte, che Francesco, se per umiltà non ha mai voluto diventare sacerdote, diventerà veramente «ierèus»: cioè sacerdote.

E lo è in pienezza perché, come Cristo nell'Eucarestia, svolge il duplice ruolo di offerente e di vittima.

Ecco cosa fu la morte e la vita di Francesco: una liturgia, un'azione sacra, semplice e solenne nello stesso tempo, così come era stata una liturgia la vita e la morte di Cristo sulla croce.

Il presente lavoro, manifesta il particolare desiderio di esaminare un aspetto importante della vita e della morte del poverello di Assisi.

Secondo gli antichi agiografi del santo, la vita e la morte di Francesco altro non è che la realizzazione della sua esistenza. «Compimento» però nel senso che troviamo nel linguag-

---

10   Cfr N. Nguyen-Van-Khanh, *Gesù Cristo nel pensiero di San Francesco secondo i suoi scritti*, Biblioteca Francescana, Milano 1984, 21-25.

gio paolino; in particolare nella lettera ai romani (Rm 10,4), quando l'apostolo scrive che il Cristo è il telos della legge.

Se è possibile, secondo molti, rendere l'ambiguità semantica di questo termine con la parola " fine " in senso temporale, cioè la legge avrebbe raggiunto la „sua fine con Cristo", altri intendono che la legge ha trovato il suo „traguardo" in Cristo che ne è cioè „il suo fine".

Negli stessi termini, possiamo dire che la morte in Francesco d'Assisi non solo è "la" fine della sua vita terrena (come ogni essere umano), ma è anche in qualche modo "il" fine: lo scopo, il traguardo del vivere è raggiunto solo in quel momento.

I biografi del Santo sottolineano in modo evidente questo aspetto. Nella lettura Cristologica della sua vita, il Celano afferma infatti, che «essendosi compiuti in lui tutti i misteri di Cristo, se ne volò felicemente a Dio»[11]e, Bonaventura da Bagnoregio scrive: «Quando infine si furono compiuti in lui tutti i misteri [...]»[12].

Il transito di San Francesco è dunque la conformazione, la vicinanza al modello che egli ha voluto seguire fin dall'inizio e che, è riuscito ad imitare perfettamente: il Figlio di Dio. Se l'abito, che il poverello volle indossare come segno di riconoscimento della sua religione, era un sacco cucito a forma di croce, scrive sempre il Celano, non aveva altro significato se non il rivestirsi di Cristo: «come la sua mente si era rivestita del Signore crocifisso, così tutto il suo corpo si rivestiva esteriormente della croce di Cristo»[13]. Alla fine della vita, egli raggiunge finalmente quel quadro tanto desiderato e può spogliarsi di tutti i suoi panni: «si fece deporre nudo sulla nuda terra, per essere preparato in quell'ora estrema»[14]. La morte di Francesco è „il traguardo" di una vita vissuta in pienezza, di un'offerta di sé, continua ed incondizionata.

---

11   Cfr 2Cel 217 (FF 810).
12   Cfr LMag 14,6 (FF 1243).
13   13 Cfr TMir 2 (FF 826).
14   Cfr 2Cel 214 (FF 804).

La morte del Santo ci appare, come la memoria del suo passaggio da questo mondo.

Eppure dal punto di vista dell'esperienza umana, la morte resta una realtà drammatica.

Si tratta di un tema più che mai attuale nella cultura di oggi, e non solo nel nostro Paese. Basta ricordare le numerose questioni che si agitano a riguardo: la rivendicazione, da parte di alcuni, dell'eutanasia, il cosiddetto "diritto di morire"; la possibilità di varare, attraverso una legge, una normativa sul fine vita; la possibilità di stabilire un momento esatto nel quale dichiarare l'avvenuto decesso di una persona.

La morte del poverello d'Assisi, ha molto da insegnare alla cultura contemporanea.

La prima idea è che il poverello d'Assisi non muore in „solitudine". Attorno a lui sono i confratelli e perfino gli amici, Giacoma dei Sottesoli, una nobildonna romana, che viene convocata dal poverello stesso quando si rende conto della sua fine imminente; al suo arrivo secondo il Celano, esclama: «Benedetto Dio, che ha condotto a noi donna Jacopa fratello nostro!»[15].

Troppe volte invece gli ammalati, vengono abbandonati a loro stessi, nella fase conclusiva della vita.

La seconda idea è che il poverello d'Assisi "si è preparato" alla morte. Essa non sopraggiunge inaspettatamente, tanto che Egli ha il tempo sufficiente per comporre il Testamento.

Nella nostra società, dove il pensiero della morte viene spesso rimosso, è necessario ricordare che si tratta di un momento ineludibile dell'esperienza umana.

È questa la ragione per cui il poverello d'Assisi non sembra aver paura della morte. Egli la vede non come la fine di tutto, ma come l'inizio, come il compimento definitivo dell'unione con Dio; ecco perché Francesco ha avuto il coraggio di chia-

---

15   Cfr TMir 37 (FF 860).

mare la morte „sorella"[16].

In tale apporto scientifico, si terrà appropriato limitare l'oggetto di esame e di approfondimento, all'ambito dall'analisi degli Scritti del Poverello d'Assisi.

L'obbiettivo iniziale che si auspica, sarà quello di collocare, per righe piuttosto generali, il contesto storico che precede l'esperienza di Francesco d'Assisi e, precisamente, si farà riferimento al pensiero antropologico in una valutazione etica della vita, dal suo nascere al suo finire, nell'esperienza religiosa, storica e sociale nel contesto medievale del XII secolo (Capitolo I).

Successivamente, si arriverà al cuore del presente scritto, in cui dominerà la seguente interrogazione: Francesco è messaggero di una caratteristica ed autentica concezione della creatura umana, che significa persona sin dall'origine della sua nascita, fino al tramonto della sua vita? (Capitolo II)

Si individuerà, in ultima analisi, la metodologia di come fare emergere la proposta etica per accogliere la vita e accettare la morte nella prospettiva dell'Assisiate attraverso il continuo riferimento ai suoi scritti. (Capitolo III)

Questi tre ambiti di ricerca saranno approfonditi considerando le tematiche etiche[17].

L'esposizione si concluderà, per quanto è possibile, in un confronto per grandi linee, sulle questioni che prenderemo in analisi. Da una parte alcune linee saranno comuni a molti studiosi di Bioetica del XXII secolo, dall'altra le novità profetiche del pensiero del Poverello d'Assisi, al fine di capire più chiaramente quanto il vissuto di Francesco sia riuscito ad allacciare, ad un dialogo realmente incisivo, con le istanze della sua epoca e quanto sia stato originale rispetto ad esse, e in che modo si è proiettato verso il futuro, attribuendogli il

---

16   Cfr Cant 27-30 (FF 263).

17   Per svolgere un discreto lavoro scientifico, va detto che queste ultime serviranno da "collegamento" alle affermazioni che si dedurranno dagli Scritti di Francesco, e saranno veri e propri punti di riferimento per lo sviluppo del tema.

titolo: „Francesco profeta del nostro tempo“.

CAPITOLO I

Il senso della vita e della morte nel Medioevo

1.1 Il Medioevo il secolo che ha dato i natali al Poverello d'Assisi

Il Medioevo è sicuramente un secolo di trasformazione racchiuso tra i cambiamenti dell'XI e la gran parte dell'XIII sec. È un periodo storico di contrasti e ombre, basti pensare che questa fase storica, si schiude con la morte del misticismo di Gioacchino da Fiore (1130-1202) e vede tra le sue file il "razionalista" Sigieri di Bramate (1204-1289), il quale è interessato all'oggettivo prima di formulare ipotesi. Lo scontro tra razionalismo e misticismo avviene in un campo di interpretazione biblico-filosofica, stimolata dalla predicazione sia dei frati francescani e che dei frati domenicani. Questi ultimi sono i teorici di una lettura letterale della bibbia[18].

Mentre i frati francescani sostenevano fosse necessaria una lettura allegorica del testo Sacro, che mirasse più alla conoscenza di Dio che alla scientia del mondo[19]

Ma è anche un periodo storico in cui le masse sono sempre più motivate all'apertura del nuovo, all'innovazione che la chiesa richiede, nuove sfide, questo contesto storico, da vita a nuovi movimenti popolari di matrice religiosa, sia di stampo ereticale che di stampo ecclesiale (ordini religiosi). La nascita

---

18   Si osservi in merito il pensiero di Tommaso d'Aquino sul senso letterale nell'esegesi: «Omnes sensus (sc. sacrae Scripturae) fundentur super litteralem» Tommaso D'Aquino, Summa Theol., I, 1, 10.

19   «Qui studium sanctitatis et sapientiae praeferebat studio scientiae» Bonaventura, In Hexaem., III, 8: Op. Om./IX 41.

dei comuni, di nuove classi sociali, la nobiltà perde sempre più terreno, è in questo panorama culturale, religioso e politico, che nasce il Poverello d'Assisi (1181-1226).

In questo primo capitolo si vorrà fare riferimento a quegli elementi caratteristici che riguardano la concezione della vita e della morte che l'uomo nel sec. XII aveva, e che sicuramente Francesco di Assisi, si sia certamente impossessato di questa immagine che poteva conoscere e da essa attingere ispirazione, per costruire una "propria" visione dell'uomo[20], dal suo nascere al suo morire.

Naturalmente lo scopo di questo capitolo non è quello di compiere uno studio completo sul concetto di uomo nel XII sec., ma solo quello di presentare, per grandi linee, la concezione dell'uomo dal suo nascere al suo morire in alcune scuole di pensiero che è bene tenere presenti per cogliere il contributo originale di Francesco.

Ogni individuo nasce nella sua epoca. Nella concezione medioevale l'esistenza umana era considerata un atto miserevole.

La nascita: il venire al mondo, veniva considerato un evento da commiserare. «Chi dà ai miei occhi la sorgente delle lacrime, perché possa piangere il miserevole ingresso nella condizione di uomo, il peccaminoso svolgersi dell'esistenza, la sua esecrabile estinzione?». Con queste parole Lotario di Segni, il futuro Papa Innocenzo III (1198-1226) introduceva, poco prima del 1200, la sua opera la Miseria dell'Esistenza Umana, con questa opera Innocenzo III, caratterizza i diversi stadi della nascita, della vita e della morte: «L'uomo fatto di polvere, fango e cenere e, ciò che è più abominevole, di seme ripugnante. É concepito nella lussuria della carne, nel fuoco della voluttà, e, cosa più ignobile nel fianco del peccato. Nasce per la paura, per il dolore, e, quel che è più triste, per la morte». E via di questo passo. La gente di questo secolo, concepiva tale opere, come un introduzione alla propria vita

---

20   Cfr C. Gniecki, La visione dell'uomo negli Scritti di Francesco d'Assisi, Antonianum, Roma 2007, 31.

insozzata dai vizi del peccato originale, e da esso, hanno tratto spesso citazioni predicatori eloquenti[21].

A partire dall' XI-XII secolo, avviene in particolar modo tra le classi superiori e gli uomini di cultura, un riavvicinamento tra tre rappresentazioni mentali: la morte, la conoscenza della propria biografia e l'amore per la vita e le cose terrene.

L'uomo ricco, potente o letterato della seconda metà del medioevo, riconosce sé stesso nella propria morte, consapevole del suo vissuto e del suo essere.

La morte non è più un'accettazione passiva seguendo mestamente il destino collettivo della specie, ma il momento in cui tutte le particolarità individuali appaiano in piena luce.

L'uomo scopre la morte di sé, un sentimento personale e intimo che traduce l'intenso attaccamento per le cose della vita, ma anche il senso amaro del fallimento, frutto di quella consapevolezza di essere un morto a breve scadenza, che gli condiziona l'intera vita. In questo contesto storico, nacquero alcune correnti di pensiero religioso, alcune di esse furono tollerate dalla Chiesa, altre condannate come superstizione e stregoneria, altre ancora subirono un processo di cristianizzazione, la paura del giudizio, e la visione dell'aldilà, appaiono in una visione di mistero timoroso[22]. Questo cambiamento

---

21   Cfr Da questo tratto, La miseria dell'esistenza umana, si sprigiona una insolita desolazione, ma non è il solo: c'era una vera e propria letteratura del «disprezzo del mondo» (De contemptu mundi). Il mondo, «La valle di lacrime» dei salmisti, non ammetteva la gioia: attorniato da un tal genere di convinzioni, l'uomo veniva al mondo, in estremo pericolo fin dal momento della nascita. I parti che finivano con la morte del bambino e della madre erano frequenti, e i neonati sopravvissuti non sempre rimanevano in vita. Gli storici hanno ipotizzato hanno ipotizzato che per mantenere sotto controllo il numero delle bocche da sfamare sia stato praticato l'omicidio legale dei neonati, «Storia della morte in occidente» di Ariès, 1975.

22   Cfr In questo contesto storico la morte è considerata come qualcosa di misterioso, sempre radicata in tradizioni popolari, sociali, culturali e religiose. Il mistero dopo morte è enigmatico, basta far riferimento ad alcuni riti dopo la morte che furono cristianizzati, e che si sono tramandati in parte fino ai nostri giorni, la cultura monastica ebbe una forte influenza, nel diffondere tale tradizione nella

difronte la morte ci introduce in alcuni fenomeni culturali nuovi, oppure modificazioni di fenomeni preesistenti.

Per Aries, l'atteggiamento dell'uomo di fronte alla morte porta un cambiamento, introdotto dai nuovi fenomeni culturali e religiosi (o modificazione di preesistenti). Aries fa una rappresentazione del giudizio universale spostando ogni giudizio umano di fine vita, in quello universale. Questo è anche rappresentato nell'apparizione di temi macabri nell'arte e nella letteratura (con un vivo interesse per le immagini della fine di una vita) e nel ritorno all'epigrafia funeraria e al desiderio di identificare le sepolture[23].

Dopo secoli di storia, nell'Europa cristiana, la morte non è più fonte di angoscia, ma un fatto reale comune a tutti, e ciascuno è venuto a contatto con questa realtà già in tenera età, e, nel momento che questa si presenta nella vita di un uomo, questi vi è già preparato, e non ha nessun senso, né alcun pensiero di fuggire da essa.

Pertanto ci si preparava a questo evento con cura, la morte era diventata una cerimonia pubblica che richiedeva la presenza dei familiari e amici, nella quale si rendeva conto della propria esistenza[24].

---

cultura popolare. Fu Cluny ad istituire la festa dei morti il 2 Novembre tra il 1024 e il 1033, punto chiave di quella nuova commemorazione liturgica dei morti. A fianco di nuove iniziative da parte della chiesa si manifestò come conseguenza, un rinnovato interesse verso i morti tra la gente, come un aumento delle apparizioni degli spiriti o fantasmi. Se inizialmente in questo la chiesa si mostrerà tollerante, con la diffusione a partire dal XII del concetto del purgatorio inizierà una vera e propria caccia selvaggia a queste apparizioni che a volte assumono anche carattere demoniaco. Vedi «Medioevo superstizioso» di Vovell M., 1986, La Terza 2000, 23

23   In "Storia della morte in occidente", Aries descrive come la mutazione nei sistemi di sepoltura sia un segno del cambiamento della mentalità dell'uomo. Dalla sepoltura ad santos extra urbe nelle vicinanze di un santo o di un martire cristiano nei primi secoli del cristianesimo, alla sepoltura nei cortili adiacenti le chiese dove il corpo veniva abbandonato e consegnato ad una sepoltura anonima, per poi prendere i resti negli ossari (charnier) costruiti a fianco delle stesse chiese. L'esigenza di contrassegnare il luogo di sepoltura dell'uomo del tardo medioevo è sicuramente un segno di una nuova consapevolezza di sé e anche nella morte e da inizio ad un fenomeno qual è la sepoltura all'interno delle chiese (ad ecclesiam), ristrette dapprima agli ecclesiastici per poi diffondersi anche ai nobili e ai ceti più elevati. Cfr F. Aries, Storia della morte in occidente, 92.

24   Questo atteggiamento difronte alla morte è documentata da antichi riti

Nel secondo Medioevo - pur rimanendo invariato il carattere pubblico e rituale della morte - cambia qualcosa nell'atteggiamento, nei confronti del fine della vita, una trasformazione che si lega al giudizio individuale.

Il morente non vede più le persone attorno a lui ma si chiude dentro di sé dove è racchiuso lo scontro tra cielo e inferno, tra Cristo, la Vergine, i Santi e i demoni.

Il giudizio dell'individuo non avviene nello spazio ultraterreno ma nella sua stanza, l'uomo diventa giudice di se stesso[25].

Il morente deve scegliere tra il bene e il male, ma il demonio lo tenta, o sollecitandolo alla disperazione, oppure mostrandogli come la fine minacci di sottrargli tutti quei beni materiali che egli ha amato e posseduto.

Se accetterà di rifiutare i beni terreni si salverà, se invece vorrà portarli nell'aldilà sarà dannato. Questi oggetti temporali, possono essere sia beni concreti, sia la stessa famiglia, in entrambi i casi però, il moribondo peccherà di avarizia intesa come «avida passione della vita, degli esseri e delle cose»[26].

L'avaro voleva portare con sé i beni della vita, la Chiesa lo avvertiva che li avrebbe portati all'inferno. Pertanto possiamo dire che, è proprio l'atteggiamento dinanzi alla morte, alla finitezza, che l'uomo sviluppa la coscienza della propria individualità biografica e storica[27].

Il cambiamento in atto, interessa l'individuo ossia l'uomo che vive tra la metà del Medioevo e la fine. Pertanto il momento della morte, non è più calmo e rassegnato, bensì drammatico, in quanto espressione di questo nuovo rapporto con la ricchezza che può essere temporale ma anche spirituale (mezzi che garantiscono la grazia Divina). Quest'ultimo

---

pagani che sopravvissero a lungo nelle campagne europee anche dopo la diffusione del cristianesimo fino alle soglie dell'industrializzazione.

25   Cfr Aries, Storia della morte in occidente, 91.

26   Ivi, 92.

27   «Il cielo e l'inferno assistono come testimoni alla lotta fra l'uomo e il male: il moribondo ha la possibilità, nell'istante della morte, di vincere o di perdere tutto» Cfr Aries, Storia della morte in occidente, 92.

aspetto deriva dal fatto che, in questo periodo storico nessuno era più certo della salvezza, e perciò, bisognava assicurarsi preghiere e grazie da parte della Chiesa. L'uomo in punto di morte, temendo il dopo, voleva assicurarsi con garanzie spirituali. Quale fu la conseguenza di questo enorme cambiamento? Il morente che doveva scegliere tra l'amore per i beni temporali e la vita eterna scelse di salvare l'anima senza perdere del tutto i beni temporali, con la garanzia dei beni spirituali.

Da questo derivò il testamento con cui le ricchezze si rapportano all'opera personale della salvezza eterna: donare i beni alla Chiesa, permetteva la salvezza dell'anima[28]. Questo atteggiamento dinanzi alla fine, non solo era costituito dall'ambiguità dell'avarizia, ossia il fatto che l'amore per i beni terreni permetteva, donandoli alla Chiesa, la garanzia della vita eterna, ma anche da quella fama o gloria: aver donato il proprio tesoro permetteva una gloria ultraterrena ma anche terrena come mostrano le tombe dei maggiori donatori. Infatti le tombe visibili, molto rare nel medioevo, permettevano al defunto di essere in cielo ma rimanere sulla terra. La tomba diviene il luogo della commemorazione del defunto, celebre fra gli uomini e immortale fra i santi. Soltanto nei secoli successivi la salvezza eterna viene separata dalla fama terrena. Rimane però il fatto che questo processo di trasformazione, ha portato anche ad aumentare la disuguaglianza tra povero e ricco. Solo pochi potevano arrivare ad ottenere una tomba visibile e propria, gli altri rimanevano anonimi nelle fosse comuni.

La netta distinzione tra il ricco e il povero, veniva anche sottolineato dal cambio dei riti funebri, ad esempio il corteo funebre del potente donatore era assai diverso da quello del povero.

Nel primo caso, abbiamo un seguito molto numeroso cos-

---

28   « I casi più estremi e impressionanti sono quelli, spesso citati, di ricchi mercanti che lasciavano la maggior parte del loro patrimonio al monastero dove si richiudevano per morire» Cfr Ivi, 94-95.

tituito da: monaci, preti specializzati, amici, parenti e gente povera.

Nel secondo caso, non è rimasto molto, ossia il povero non può contare sulla vicinanza dei parenti e amici nel corteo funebre.

Nel terzo caso il povero, non poteva avere una ricca liturgia funebre, ma una semplice assoluzione.

Nel quarto caso, il ricco oltre ad avere una ricca celebrazione funebre aveva anche la vicinanza di parenti ed amici nel corteo funebre.

Nel secondo Medioevo, come ben appare la descrizione fatta da Aries, che la morte del ricco era ben diversa da quella del povero, il corteo funebre del potente testimoniava la volontà divina della propria salvezza e, i riti con le esequie, rispettavano lo status che Dio aveva imposto al defunto fin dalla nascita.

La ricchezza in questo periodo, era vista come nel mondo capitalistico che ci appartiene, ma era anche la manifestazione di una vita amata con passione che l'istante della morte non snaturava.

L'atteggiamento dei tempi antichi dinanzi alla fine, esprimeva l'abbandono ad un destino collettivo, ora invece, è subentrata una correlazione tra l'attaccamento ai beni terreni e la fiducia nell'assistenza, da parte di figure religiose.

Anche oggi, come allora, si ha timore della morte, ma l'istante mortale diviene ora la condensazione di tutta la vita, con l'insieme di ricchezze temporali e spirituali.

Ed è qui che l'agonizzante ha preso coscienza della sua propria biografia e quindi esistenza.

La morte è un fenomeno naturale che indica il fine vita. Dal percorso fatto in questo capitolo, sono emerse diverse visioni sul comportamento dell'Uomo, del suo pensiero sulla vita e sulla morte presenti nel XII secolo:

Quella scientifica, culturale e religiosa: elaborata negli ambienti delle scuole dell'epoca.

La definizione più comune della morte è intesa come

antitesi della vita, come suo opposto il morire, l'atto che la precede, la sua tappa finale e conclusiva.

Quella della vita e dei suoi processi: l'uomo conosce molte cose, ne fa esperienza vivendole e le può raccontare.

Quella della morte invece, unica esperienza umana che si può raccontare direttamente, è solo l'osservazione alla sola decomposizione del corpo.

Quella legata ai movimenti religiosi popolari, sia di stampo cattolico che ereticale, quest'ultima, è considerata sotto il nome di dualismo cataro.

Nelle prime visioni l'uomo, dal suo nascere al suo tramonto, è considerato nella sua grandezza e dignità sia perché creato da Dio a sua immagine e somiglianza, sia perché - dopo il suo peccato - redento da Cristo e chiamato alla gloria eterna. Ma viene dato ampio spazio anche alla riflessione sulla sua fragilità e debolezza, in quanto essere tendente al male, soggetto a passioni, immerso in diverse difficoltà nel suo cammino di elevazione.

Nella visione dei catari, l'uomo, è visto nella sua fondamentale dimensione dualistica: da una parte il corpo, cioè la componente materiale, cattiva, opera del demonio; dall'altra l'anima, ossia la componente spirituale, buona, creata da Dio.

Queste sono le concezioni dell'uomo che dominavano nel contesto culturale e storico di Francesco d'Assisi.

1.2 La concezione antropologica nelle scuole di pensiero medioevali

L' Uomo medievale viveva effettivamente in un mondo popolato di significati, rimandi, sovrasensi, manifestazione di Dio nelle cose, in una natura che parlava continuamente un linguaggio araldico, in cui un leone non era solo un leone, una noce non era solo una noce, un ippogrifo era reale come un leone perché come quello era segno, esistenzialmente trascurabile, di una verità superiore e il mondo intero appariva come un libro scritto dal dito di Dio. In tal senso l'uomo nel Medioevo assegnava un significato mistico a ogni elemento dell'ammobiliamento del mondo: pietre, piante, animali; ma non aveva una visione globale della sua esistenza.

Chi è l'uomo e quale è il suo destino? Gli studiosi sia medioevali che contemporanei, si sono sempre posto questo dilemma e, nonostante ciò, non sono stati in grado di darvi una risposta. In realtà, il destino dell'essere umano, è avvolto in un profondo mistero che solo la rivelazione cristiana ha illuminato esaurientemente, attestando che il destino dell'uomo è Dio. L'avventura terrena dell'uomo (la vita biologica) non si conclude con la morte, ma questa è solo la porta di entrata nella vita eterna.

In questo prima ripartizione, si vorrà fare riferimento a quelle caratteristiche che riguardano il pensiero della vita e della morte nel sec. XII, e che indubbiamente il Poverello d'Assisi si sia impadronito, e questa parvenza, che egli poteva apprendere e da essa attingere illuminazione, per costruire una "propria" visione dell'uomo[29], dal suo nascere al suo morire.

Nel sec. XII non esiste una scienza autonoma sull'uomo e sul mondo che lo circondava. Questi è oggetto di studio solo nel suo rapporto con Dio. La conoscenza dell'uomo e quella di Dio sono strettamente legate: si tratta di due scienze inseparabili, subordinate l'una all'altra. Non esiste, quindi, un'antropologia[30] senza una teologia[31]. Per gli autori del sec. XII, la conoscenza dell'uomo è necessaria in quanto aiuta a conoscere il suo Creatore[32].

---

29   Cfr C. Gniecki, La visione dell'uomo negli Scritti di Francesco d'Assisi, Antonianum, Roma 2007, 31.

30   È doveroso precisare che il termine „antropologia" è entrato nel nostro linguaggio solo a partire dal XVI secolo, di conseguenza non è mai stato usato dagli autori di questo periodo e dunque neanche da Francesco.

31   R. Zavalloni, L'uomo e il suo destino, Porziuncola, Assisi 1994, 112.

32   C. Gniecki, La visione dell'uomo, 34.

Per quanto riguarda lo studio dell'uomo, esistono in questo periodo scuole che formano il principale pensiero antropologico culturale e religioso[33] dell'epoca.

Chi è l'uomo nel contesto della cultura medioevale? Posto tra il cielo e la terra è immagine di Dio, e, pur essendo un peccatore, come «corona della creazione» è perfetto, eppure a causa del peccato originale, è pieno di voglie che gli impediscono di condurre un'esistenza ben accetta a Dio.

Gli anni immediatamente successivi allo scisma d'Oriente, furono scossi, specie nell'Europa mediterranea, da una serie di movimenti spirituali ortodossi, che trovarono il favore nel popolo minuto, e a causa dell'insegnamento radicale che seppero porre, ci fu un risveglio evangelico. Questo risveglio deve essere compreso nell'ambito della cultura del tempo, e non si distaccò nemmeno dalle superstizioni e dagli abusi popolari. La fede nei demoni e negli angeli, dette origine a tutto un fervore artistico che troviamo ancora oggi ben testimoniato nei monasteri, nei santuari, nelle chiese del tempo e che portò al cosiddetto „catechismo di pietra".

In questa visione storica dell'uomo, sulla scia della tradizione biblico-cristiana, testimonia in una maniera ben articolata, il concetto dell'uomo nel medioevo, e che la tradizione francescana ha offerto ed offre alla memoria storica dell'umanità, come superamento del peccato e apertura alla grazia divina[34].

Per le scuole del XII secolo esiste un principio secondo il quale il mondo e l'uomo (vita biologica) siano stati creati da Dio, per sua volontà, in vista del raggiungimento di un fine ultimo di felicità[35] (eternità).

L'uomo, concepito anima e corpo, abita il posto centrale tra Dio ed il mondo visibile, mentre il suo corpo lo colloca

---

33   Cfr P. Brezzi, L'umanesimo teologale del XII secolo, in «Doctor Seraphicus» 18 (1971), 27-40.

34   Cfr C. Gniecki, La visione dell'uomo, 47.

35   Cfr C. Vasoli, Il "Contra haereticus" di Alano di Lilla, in «BISI» 75 (1963), 123-221.

vicino al mondo visibile, l'anima, a sua volta, lo rende simile a Dio, mondo invisibile. Così l'uomo congiunge in sé i due mondi, garantendo l'unità del cosmo[36].

L'uomo assume una posizione centrale nell'economia della creazione, partecipando all'ordine delle cose celesti e di quelle mondane.

L'uomo è stato creato ed innalzato sopra le altre creature: questo è un fatto che già mette in evidenza la sua caratteristica a dignità creaturale. Questa sua condizione privilegiata, deriva dal fatto che egli è stato creato ad immagine e somiglianza di Dio.

Tale consapevolezza dell'immagine e della somiglianza risulta fondamentale per gli autori medievali e, costituisce il principio dell'antropologia di questo periodo storico. Alcune scuole di pensiero, presentano l'uomo a quale immagine egli è connesso: al libero arbitrio. Questo fattore, infatti, evidenzia la grandezza dell'uomo nonché la sua autonomia, è proprio nel suo essere autonomo che si coglie l'immagine dell'Onnipotente, presente nella persona umana, mentre la somiglianza si riscontra nelle virtù, e può sparire totalmente l'immagine, finché esiste l'uomo[37].

Questa tesi, si fonda sull'affermazione che il libero arbitrio non è stato diminuito nemmeno dal peccato originale; ciò che nell'uomo è stato diminuito è la potestas, cioè la capacità di acconsentire ad una cosa e, non avere abbastanza forza per fare ciò a cui si acconsente.

Secondo molti studiosi di questo periodo, che seguono questa linea di pensiero, l'immagine e la somiglianza di Dio si ritrova nell'anima dell'uomo. Da ciò deriva che la dignità dell'uomo riguarda solo l'anima, alla quale viene opposto il „vile" corpo (anche se questo non è totalmente escluso dalla somiglianza divina). Sono rari gli storici che, seguendo questa linea, vedono in tutto l'uomo, compreso il suo corpo, l'im-

---

36   Cfr C. Gniecki, La visione dell'uomo, 47.
37   19 Cfr Ivi, 47-51.

magine e la somiglianza di Dio[38].

Generalmente si assiste ad una sorta di dualismo: l'anima, è considerata una sostanza distinta e superiore, che costituisce l'uomo in quanto tale, il corpo è semplicemente qualcosa di aggiunto. In questa visione, condizionata dal platonismo dominante in tutto il Medioevo, non si riscontra, però, il concetto di corpo inteso come „prigione" dell'anima in senso platonico, poiché i rapporti tra questi due elementi, sono regolati dalla Provvidenza divina; anima e corpo sono pur sempre due sostanze, sia pure unite insieme, fatte l'una per l'altra[39].

La soluzione del problema del rapporto tra queste due sostanze, anima e corpo, è d'ispirazione agostiniana. Per alcuni pensatori, il corpo (fango e melma della terra), costituisce un carcere per l'anima o un vaso impuro, un peso che l'anima deve sempre sopportare come in stato di degradazione e di esilio. Malgrado ciò, l'anima si unisce al corpo con un legame di amicizia, perché «[...] amat carcerem suum»[40].

Lo stesso pensiero, riguardo all'unione dell'anima con il corpo, è espresso sia pure in modo diverso, come congiunzione dell'anima al suo corpo: „patto ed unione di amicizia". L'anima dimora nel corpo e si veste di esso come di un abito, il corpo non è nemico dell'anima, ma vi si unisce in unione di amicizia, e questa unione produce gioia. Ma l'anima si sente umiliata per l'unione al corpo, in quanto questo risulta pieno di mancanze ed imperfezioni. L'anima ravviva e governa il corpo, restando con esso in un rapporto superiore sotto ogni aspetto.

Secondo questa concezione tipica del pensiero agostiniano sull'uomo, l'unione tra anima e corpo non è sostanziale, ma consiste in un modo di unirsi simile al legame matrimo-

---

38   Cfr Ivi, 51-52.

39   Cfr S. Vanni- Rovighi, Studi di filosofia medioevale. Da sant'Agostino al XII secolo, Vita e Pensiero, Milano 1978, 264-265.

40   Cfr R. Zavalloni, L'uomo e il suo destino, 115-116

niale o all'unione di amicizia, in cui, due sostanze influiscono l'una sull'altra e formano la persona umana, pur restando nel contempo se stesse[41].

1.3 Il valore della vita e della morte nell'epoca medioevale

La concezione della morte nel medioevo, era considerata passaggio dalla vita terrena allaldilà (vita eterna), l'arretratezza delle medicine e la sensibilità religiosa del tempo, fecero della morte un tema familiare, vedendo in essa il castigo inesorabile per i peccati umani.

Solo alle soglie dell'età moderna, si fa strada un maggiore attaccamento alla vita terrena. La precarietà dell'esistenza si caratterizza lungo i secoli del medioevo, e non può essere altrimenti, poiché carestie, guerre, malattie ed epidemie mietono vittime in grande quantità. La morte è una presenza costante, un fatto di tutti i giorni, anche una nascita, evento gioioso, può essere accompagnata dalla morte, basta considerare il numero dei decessi delle donne che partorivano. La morte diventa, così, compagna di viaggio, e che, al tempo stesso appare, come una tragedia misteriosa per la rapidità e brutalità con cui spesso arriva. In questo contesto storico, a volte, gli eventi luttuosi aggredivano intere popolazioni, che molto spesso finivano per essere spiegati in termini religiosi, come frutto della volontà divina, che intendeva punire gli uomini per le loro colpe.

La morte comportava insomma, l'ammissione di un destino ineluttabile, rispetto al quale ci si poteva tentare, per usare un'espressione dello storico francese Aries la morte «addomesticata»[42] mantenendo di fronte ad essa un

---

41   Il pensiero di S. Agostino riflette l'immagine armonica trinitaria; nel senso che, come vivono le tre persone una nell'altra nell'unità con la propria unicità, cosi l'anima è unita al corpo nell'unità rispettando la propria unicità; Ivi, 116.

42   Cfr F. Aries., Storia della morte in occidente. Dal medioevo ai nostri giorni, Rizzoli, Milano 1978, 73.

atteggiamento sereno e consapevole, sistemando le questioni in sospeso, trasmettendo consigli e riflessioni ai propri cari. Il moltiplicarsi dei racconti, fa riferimento all'abbandono della vita e al destino che attende le anime, testimoniando da un lato, la volontà di esorcizzare la paura della morte, dall'altro, l'intento di impressionare l'osservatore, mostrando la potenza del male e il destino di dannazione che attende l'uomo, anche se indicano con chiarezza, che esiste comunque una mente superiore che saprà distinguere un peccatore che si è redento, da uno che non ha voluto esserlo.

Studiare perciò il modo con cui gli uomini hanno guardato alla morte, significa tener conto necessariamente di piani concettuali e di esperienze assai diversificate, che si intrecciano producendo un immaginario di straordinaria ricchezza.

Se da una parte gli studiosi di questa epoca considerano l'uomo nella sua grandezza e dignità perché creato da Dio a sua immagine e somiglianza, posto a capo di tutte le creature e dell'intero universo, dall'altra si evince una visione di uomo caratterizzato dalla sua vanità e debolezza.

Di fronte alla problematica della morte, la Dottrina della Chiesa del tempo avanzava precise risposte e indicava appropriati modelli di comportamento.

A monte del male e della sofferenza, che portano frequentemente gli uomini a lasciare la vita e il pensiero cristiano, si individua prima di ogni altra cosa il peccato originale, ossia una colpa commessa nei confronti di Dio, che, pur in assenza di responsabilità dirette, tutti portano le conseguenze.

Tocca perciò alla Chiesa guidare i fedeli, in un percorso di espiazione, che trasformi la paura in accettazione della volontà divina.

È esistito un genere letterario, coltivato da eccellenti scrittori come Pier Damiani (m. 1072) e Anselmo di Canterbury (m. 1109) incentrato, sulla „miseria dell'esistenza umana" e sul „disprezzo", che si doveva mostrare nei confronti del mondo per diventare partecipi della santità[43].

---

43   Anselmo d'Aosta,« I Meditazione per suscitare il timore», in Id., Orazio-

La cura dell'anima accompagnava l'uomo per tutta la vita. Non appena nasceva un bimbo, si doveva badare a farlo battezzare in tempo, perché, secondo gli insegnamenti della Chiesa, se fosse morto senza Battesimo, sarebbe andato in un luogo tra il cielo e lVinferno, rimanendo privo della visione di Dio

La condotta di vita era costantemente in pericolo, aveva perduto la somiglianza e aveva corrotto, senza perderla, l'immagine.

La persona da dominatore e fine del mondo si era sottomesso alle creature[44], nella condizione di peccato.

Il peccato d'origine è la causa del disordine nell'uomo e ciò, a sua volta, ha provocato la perdita dell'armonia tra lui e il mondo. Per ristabilirla e rispondere alla chiamata divina, per ritornare cioè all'unione con il suo Creatore, l'uomo deve seguire un itinerario descritto come contemptus mundi, che tende a realizzarsi appunto nel "disprezzo del mondo"[45].

In questo contesto storico la morte assume due percorsi espositivi:

A) La morte diventa un passaggio dalla vita biologica alla vita eterna. (Percorso espositivo teologico-spirituale).

B) La morte è un fenomeno naturale che indica il fine vita. (Percorso espositivo sociologico).

Quest'ultima descrizione è la più comune: la morte intesa come antitesi della vita, come suo opposto, il morire, l'atto che la precede, la sua tappa finale e conclusiva. Della vita e dei suoi processi l'uomo conosce molte cose. La morte invece, unica esperienza umana, non si può raccontare direttamente e non si limita, allo studio scientifico oggettivo, e alla sola osservazione di un corpo che va incontro alla decomposizione. Questa illustrazione, ci pone sempre interrogativi ai quali l'uomo non trova risposta umana, solo ai fini della fede

---

ni e Meditazioni, Jaca Book, Milano, 1997, 429-437; Pier Damiani, Vita Romualdi, I, 1, in PL, 144, 953.

44   Cfr C. Gniecki, La visione dell'uomo, 53-64.

45   Cfr Id., 57.

e della religione l'uomo da una risposta consolatrice.

L'esperienza umana della vita e della morte è difficilmente riconoscibile come propria di ogni essere vivente, fino a caricarsi di mistero o di razionalità. Fin dall'alba dei tempi, l'uomo si è dovuto rapportare con la finitezza del suo essere, consapevole che, al termine del suo percorso di vita, sarebbe sopraggiunta la morte[46].

Da questa consapevolezza e dalle angosce che ne derivano, l'uomo adotta dei comportamenti diversi, a seconda sia della cultura e del gruppo sociale di appartenenza, sia dal periodo storico in cui è vissuto. Viene da sé che, essendo molteplici le variabili culturali che influenzano il pensiero dell'essere umano, la percezione che l'uomo ha della morte si sia evoluta, modificandosi nel corso dei tempi[47].

1.4 L'uomo medievale secondo il pensiero di alcuni movimenti religiosi popolari

L'età che oggi chiamiamo Medioevo, è considerata un'epoca intermedia, all'interno di quella storia della salvezza e del mondo, rispondente al piano divino.

---

46   La morte era, una serie di riti organizzati, nella quale l'unico protagonista era lo stesso moribondo che la presedeva e ne conosceva il protocollo. Gli ultimi atti consistevano nel rimpianto della vita, un richiamo tristema discreto agli esseri e alle cose amate; poi veniva il perdono dei presenti, sempre numerosi, che circondavano il letto del moribondo; veniva quindi il tempo di dimenticare il mondo e di pensare a Dio con la preghiera, composta da due parti mea culpa e la commendatio animae (l'abbandono della propria anima nelle mani di Dio) e che si concludeva con l'intervento del prete che dava l'assoluzione; , infine l'attesa serena della morte. Tutto ciò avveniva con semplicità, secondo un certo rito ma senza drammaticità, senza eccessiva emozione. Una emblematica rappresentazione poetica di questo atteggiamento di fronte alla morte si ha nella descrizione della morte di Orlando nella Chanson de Roland, poema epico Francese della seconda metà del XI° secolo. Cfr Trèsors de la poèsia franÇaises. Anthologie de plus beaux poèmes depuis le Moyenge, ed. Riperti P. et P. Norma, Darnètal 1994, 23-25.

47   Cfr. La periodizzazione di Ariès tende a livellare determinati atteggiamenti non considerando che, nello stesso periodo storico, certi sentimenti risultano disuguali a seconda del ceto sociale, della cultura o della religione di appartenenza, oltre che agli eventi sopra citati. Aries, Storia della morte in occidente, 73.

All'età del Padre, seguiva l'età del figlio a cui, si sarebbe aggiunta l'età dello Spirito Santo: cosi sosteneva il celebre Abate calabrese Gioacchino da Fiore, intorno al 1200. Ci si trovava nella «media aetas» del Figlio, in mezzo all'età intermedia tra l'incarnazione di Dio e il suo ritorno nel giorno del giudizio.

Il Medioevo, considerava gli avvenimenti da un punto di vista escatologico e soteriologico, in questo contesto culturale-religioso, diede origine a molti movimenti di stampo religioso, a volte anche con una forte matrice ereticale.

Tra i tanti movimenti popolari che caratterizzano la fine del XII sec. e l'inizio del XIII, si focalizza l'attenzione su quello Cataro, perché è stato portatore dell'eresia più diffusa nel Medioevo, grazie alla capacità che ebbero i suoi sostenitori di divulgare le loro dottrine in modo minuzioso tra le masse popolari.

I Catari (dal greco Katharos: puro) accrebbero una propria visione dell'uomo e del mondo, a partire dalla visione gnostica e da quella manichea[48]. I seguaci erano chiamati "figli dello Spirito Santo" e, chi si convertiva, per aderire al loro "credo", doveva sostenere una sorta di battesimo, chiamato consolamentum, una genere di rito che si amministrava con l'imposizione delle mani[49].

Il punto essenziale della loro dottrina è un rigido dualismo, dal quale deriva che, l'universo è il campo della lotta perenne tra i due principi: il primo buono (Dio), l'altro malvagio (il diavolo)[50]. Il mondo non è altro che il regno del dolore, perché lo spirito, imprigionato nella materia, soffre nell'attesa della Redenzione. Spirito e materia lottano senza tregua per l'intera vita, preparando il momento della liberazione, che è rintracciabile nella morte.

È fondamentale ricordare che anche all'interno di questa

---

48   Cfr R. Manselli, Il secolo XII: religione popolare ed eresie, Jouvance, Roma 1987, 320.

49   Cfr R. Bartolini, Lo Spirito del Signore. Francesco d'Assisi guida all'esperienza dello Spirito Santo, Porziuncola, Assisi 1982, 3.

50   Cfr C. Gniecki, La visione dell'uomo, 68.

eresia ci sono diverse correnti:

- Dualismo radicale: prevede l'esistenza di due "dei" (due principi), quello buono che avrebbe creato le cose invisibili, quello cattivo che avrebbe creato tutto ciò che è materiale.
- Dualismo attenuato: Dio è principio unico e supremo di tutta la realtà, ma uno dei suoi angeli, Lucifero, dopo la sua ribellione e quella degli spiriti che riuscì ad ingannare, avrebbe creato il mondo, dagli elementi materiali già esistenti.

Pur nella diversità di vedute, per entrambe, il mondo - con tutto ciò che è materiale - è cattivo, l'universo una maledizione, la vita un'orribile manifestazione demoniaca e la bellezza del mondo una trappola diabolica. È buono solo ciò che è immateriale e spirituale.

Da questo concetto, deriva che l'uomo è un'anima caduta, racchiusa nella materia, cioè in un corpo nel quale, le anime scontano la loro pena, attraverso la "penitenza catara" che consisteva in una vita di mortificazione e di digiuni, nell'astinenza dal mangiare ogni cibo di natura animale. Tale ascesi comportava l'accettazione della vita di dolore e di sofferenza, realizzata liberamente per esigenza di mortificazione, o perché erano costretti dalle persecuzioni dei cattolici. Questo tipo di penitenza, trova la sua ragione nella loro convinzione che, con una rigidissima astinenza l'anima riesce ad incorporare meno materia possibile. Consacravano, quindi, al digiuno tre periodi dell'anno di quaranta giorni ciascuno, comportandosi come scrupolosi e rigorosi vegetariani, ritenendo peccato grave nutrirsi di quanto deriva dagli animali[51]. Se gli uomini non riuscivano a liberarsi per mezzo della penitenza, dovevano passare di corpo in corpo, migliorando o peggiorando la

---

51   Cfr A. Saba, Storia della Chiesa. Dal potere temporale dei papi a Bonifacio VIII, 2, UTET, Torino 1954, 378-379.

loro sorte, ma senza uscire dalla prigione della materia[52].

Proprio per il rifiuto di tutto ciò che è materiale, ritenevano l'umanità di Cristo e della sua Madre una semplice apparenza, i Sacramenti come qualcosa di inconcepibile, in quanto la loro amministrazione era legata ad elementi naturali, la generazione dei figli una pratica assurda.

In questa visione dell'uomo, trova ragione l'odio - presente in tutto il catarismo - diretto contro la materia, la riproduzione degli esseri viventi e la vita stessa, considerata colpevole d'imprigionare gli spiriti celesti nei corpi.

Spirito e materia lottano per tutta la vita, preparando in tal modo il momento della liberazione, rappresentato dalla morte[53].

Perciò, dolore e morte vanno accettati con gioia, vanno affrontati con coraggio e serenità, come una difficile ma sicura via di liberazione dalla schiavitù corporea, per il raggiungimento della salvezza[54].

---

52   A proposito di questa visione dell'uomo nel dualismo cataro si veda: R. Manselli, Il secolo XII, 269; Id., L'eresia del male, Morano, Napoli, 1980, 233-243.

53   Cfr R. Manselli, Dolore e morte nella esperienza religiosa catara, in «DMS», 250-251. C'è da notare, altresì, che i catari non credevano né all'inferno né al purgatorio. La dominazione del diavolo si verifica in questo mondo, per cui la parte materiale dell'uomo deve rimanere in questo mondo; l'anima, invece, dopo il suo purgatorio in questo mondo, dopo la definitiva separazione dalla materia, ascenderà nuovamente al mondo celeste. Cfr. S. Runciman, The Medieval Manichee, a study of the Christian Dualist Heresy, University Press, Cambridge 1961, 150.

54   Cfr C. Gniecki, La visione dell'uomo, 73.

CAPITOLO II

L'originalità del vissuto di san Francesco e l'amore per l'uomo e le creature

In questo capitolo, dominerà la figura del Poverello di Assisi, e si cercherà di approfondire e cogliere, l'originalità di come Francesco ha vissuto in pienezza, la gioia di vivere e morire, in un contesto storico particolare, e, come presenta l'uomo, nell'ambito della creazione, prendendo in esame oltre agli scritti del Santo e l'agiografia, anche alcune scuole di pensiero dell'epoca medioevale.

Il miracolo più grande del Poverello d'Assisi, o, se vogliamo, l'unico miracolo, è stata la sua stessa vita, e lo si comprende ancor meglio, se si considera che egli fu, indubbiamente, uno di quei personaggi straordinari che non sono «passati alla storia», ma che hanno «fatto la storia», condizionandole il corso con la loro presenza e di cui, poi, si è impossessata non solo la storia, ma anche la leggenda.

In questa prospettiva si prenderà in considerazione, il Poverello nel suo aspetto umanistico, in una visione etica, anche se, al tempo di Francesco, l'Etica era una disciplina inesistente. Sono certo che il Poverello, ha avuto una sua visione del mondo, una sua interpretazione della vita e un suo modo di viverla, la sua capacità di creare solidarietà umana e il suo modo di sperimentare e trattare con Dio, sono aspetti etici validi per l'uomo di oggi, al quale, sembra mancare il significato della vita, soffrire l'amarezza di non sapere a che cosa appoggiarsi, vive la morte come un incidente di percorso, e, non come la fine di un ciclo vitale da vivere in perfetta armonia, di come ha vissuto la vita.

Ho tenuto presente in questo svolgimento alcune realtà che ho sempre cercato di confrontare tra loro:

- L'amore che Francesco ha per Dio, e come riconosce in Lui l'artefice e l'origine di ogni casa Creata;
- Il Cantico delle creature: sinfonia di lode, contesto, struttura e contenuto;
- L'amore che il Poverello ha per l'uomo, lo riconosce come la più alta delle creature, e, ha una particolare dignità e grandezza, in quanto è portatore dell'immagine e somiglianza di Dio nella sua integralità personale;
- L' apprezzamento che ha dell'uomo, in rapporto a tutte le altre creature e l'utilità di queste ultime per la vita dell'uomo stesso;
- La gioia di vivere in pienezza la vita, il significato della sofferenza come ascesi verso Dio, e, la morte come passaggio verso l'eternità, nel Cantico delle Creature;
- Come il Poverello nella sua totalità sia stato identificato come profeta del futuro, in una visione etica.

In ultimo cercherò per grandi linee di dimostrare in un'analisi etica, come, per Francesco, la creazione non sia limitata al solo atto iniziale, ma si caratterizzi per un suo peculiare dinamismo che prevede un compimento[55]. A tal riguardo, si spiegherà come la tensione dell'uomo verso la comunione con Dio suo Creatore costituisca un'altra fondamentale caratteristica legata alla sua dimensione creaturale.

L'incontro personale che il Poverello d'Assisi ha con il Crea-

---

55   Si dimostra interessante la tesi sostenuta da Freyer in J.B. Freyer, Homo Viator. L'uomo alla luce della storia della salvezza, un'antropologia teologica in prospettiva francescana, Dehoniane, Bologna 2008; l'Autore dedica un intero capitolo a tale prospettiva affrontata alla luce della teologia francescana.

tore, è stato sempre un incontro di lode, e questo atteggiamento mi ha portato a riconoscere, nella figura del Santo d'Assisi un uomo della lode, questa mia definizione nasce del fatto che tutti i suoi scritti sono una lode continua al creatore. Uno scritto particolare dove si concretizza questa lode in modo evidente è il Cantico delle creature, alla luce delle considerazioni che ho fatto precedentemente, questo scritto dovrà essere riconosciuto nella lode che frate sole e tutte le creature innalzino al Creatore. Proprio perché il Poverello è un uomo segnato da abissale interiorità, proietta con straordinaria coerenza il vissuto interiore delle sue scelte di vita.

È in questa prospettiva nasce un bagno di interiorità, un fascino misterioso che dal mio punto di vista vale la pena analizzare.

Leggendo gli scritti e le biografie del Poverello d'Assisi, e facendo un'attenta analisi, emerge che, solo in pochi testi, circa una decina, Francesco ci parla di Dio come Creatore.

Approfondendo questo gruppo di testi, affiorano delle caratteristiche peculiari, mettendo in evidenza che tutti, indistintamente, hanno un contesto di ringraziamento, di lode, oppure un invito alla riconoscenza. «Parlando di Dio Creatore, il Poverello d'Assisi ci invita a lodarlo e a ringraziarlo per aver creato l'uomo e tutte le cose»[56].

Uno dei primi testi da prendere in esame è quello estratto dal capitolo XXIII della Rnb[57]:

«Onnipotente, santissimo, altissimo e sommo Dio, Padre santo (Gv 7, 11) e giusto, Signore Re del cielo e della terra (Cfr. Mt 11, 25), per te stesso ti rendiamo grazie, perché per la tua santa volontà e per l'unico tuo Figlio con lo Spirito Santo hai creato tutte le cose spirituali e corporali, e noi fatti a tua

---

56   C. Gniecki, La visione dell'uomo, 76.

57   Sul cap. XXIII della Rnb Cfr D. Flood, Die Regula non bulletta der Minderbriider, DCV, Werl 1967; K. Esser-E. Grau, Antwort der Liebe, DCV, Werl 1967; L. LEHMANN, "Gratias agimus tibi". Structure and Contents of Chapter XXIII of the Regula non-bullata, in «Laurentianum» 23 (1982), 312-375; Id, Tiefe und Weite. Der universale Grundzug in den Gebeten des Franziskus von Assisi, DCV, Werl 1984, 175-219.

immagine e somiglianza hai posto in Paradiso (Cfr. Gn 1, 26 e 2, 15)» (v.1).

Il Poverello si rivolge a Dio Creatore, affermando che Dio nella creazione agisce come Padre nella sua onnipotenza, come atto libero e incondizionato, ed esercita la sovranità sulla creazione. Per il Poverello, nella divina paternità è posta l'origine e la causa della creazione. Essa scaturisce dalla sua santità, l'atto della creazione è un atto della giustizia di Dio e la creazione è sottoposta alla sovranità di Dio.

Secondo il Poverello d'Assisi, nello stesso atto della creazione, Dio Padre agisce per mezzo della sua volontà e del suo Figlio. La creazione per mezzo del suo unico Figlio è di uguale significato ed è connessa alla creazione per mezzo della volontà[58]. Come nell'affermazione della volontà, anche qui, il Poverello, proclama la partecipazione del Figlio all'atto della creazione. Quello che si intuisce è che in essa spetta al Figlio e alla volontà paterna un ruolo chiave.

Il Poverello, ancora, allarga la sua visione su Dio ed include, nelle sue riflessioni, sull'atto della creazione, la Persona dello Spirito: «[...] per la tua santa volontà e per l'unico tuo Figlio con lo Spirito Santo»[59].

È il Padre che, per mezzo del Figlio e con lo Spirito Santo, crea e forma. Lo Spirito è il Principio che viene da Dio e promuove la vita, vivifica la creazione, l'uomo e la sua relazione con Dio[60]. Il Padre, che per mezzo del Figlio crea e forma, con lo Spirito dà la vita. Lo Spirito è la Persona divina che conserva e allo stesso tempo, promuove la vita.

Riassumendo il pensiero del Poverello d'Assisi, al Padre per la sua volontà compete chiaramente l'iniziativa della creazione, il Figlio è il mediatore nella creazione del mondo e lo Spirito, è il principio vitale in virtù del quale tutto prende

---

58   Cfr T.Matura, Francesco, un altro volto. Il messaggio dei suoi scritti, Biblioteca Francescana, Milano 1996, 74-93.

59   Rnb 23, 1 (FF 63).

60   Cfr R. Bartolini, Struttura pneumatologica del pensiero di S. Francesco d'Assisi, in «MF» 97 (1997), 373-405.

forma.

Il Poverello d'Assisi non parla solo di Dio Creatore, ma determina che l'azione creatrice è opera delle tre Persone della Trinità, cioè del Dio-Trinità[61]. La Trinità intera è creatrice di tutte le cose: la creazione è stata effettuata per volontà del Padre e per l'unico suo Figlio con lo Spirito Santo.

Volendo individuare la motivazione della creazione, si coglie l'importanza di un'espressione usata dal Poverello: „per te stesso". Il motivo dunque è in Dio stesso, va ricercato in un fecondo dinamismo all'interno della Trinità, e che viene trasmesso nella creazione: l'amore!

Un altro testo da prendere in esame è quello della Regola non bollata, il riferimento più esplicito alla creazione con questa particolare espressione: „Hai creato tutte le cose spirituali e corporali". Il Poverello d'Assisi facendo questa osservazione, si contrappone a ogni dualismo. Tutte le cose, spirituali e materiali, sono create e volute da Dio nell'amore.L'asserzione del Poverello sembra comunicare, in un lavoro accurato, un evidente rifiuto delle idee catare: di un Dio buono che avrebbe creato le cose spirituali, di un Dio cattivo che avrebbe creato le cose materiali, e del dualismo estremo ad esse connesso[62].

Ugualmente il Poverello rifiuta la tendenza dell'epoca (manichea), che vede nelle cose materiali piuttosto qualcosa di negativo da superare[63]. Le cose materiali e spirituali hanno origine nella volontà creatrice di Dio e quindi nella Sua

---

61   Francesco considera non solo quella creatrice, ma anche quella redentrice e salvatrice come opera della Trinità intera. Nella storia della salvezza, come pure nell'opera creatrice, il Santo vede sempre il Padre, il Figlio e lo Spirito Santo agire insieme. Cfr N. Nguyen-Van-Khanh, Gesù Cristo nel pensiero di San Francesco secondo i suoi Scritti, Biblioteca Francescana, Milano 1984, 108; R. Bartolini, Lo Spirito del Signore. Francesco d'Assisi guida all'esperienza dello Spirito Santo, Porziuncola, Assisi 1982, 147.

62   Cfr K. Esser, Franziskus von Assisi und die Katharer seiner Zeit, in «AFH» 51 (1958), 225-264.

63   Cfr F. Batazzi, La corporeità in s. Francesco d'Assisi, ovvero fratello corpo, in «Rivista Teologia Morale» 14 (1982), 269-281; D. D'Avray, *Some franciscan ideas about the body, in «AFH»* 84 (1991), 343-363.

onnipotenza, nella Sua santità, nella Sua bontà e nella Sua giustizia, da cui hanno ricevuto il sigillo nella creazione.

Di conseguenza le creature spirituali e corporeo-materiali, corrispondono all'onnipotenza, santità, bontà e giustizia di Dio e, in questo senso, sono sottoposte alla sua onnipotenza, corrispondono alla sua santità, sono buone a motivo dell'origine nella sua bontà ed evidenziano la sua giustizia.

Il Poverello d'Assisi, delinea una valutazione in sé, positiva e buona di tutte le creature[64]. Il Cantico testimonia, in linguaggio poetico, questa visione positiva della creazione[65].

2.1 Il Cantico delle Creature: sinfonia di lode, contesto, struttura e contenuto

Con queste parole comincia la sinfonia con la quale il Poverello d'Assisi canta la gloria di Dio Creatore: «Altissimu, onnipotente, bon signore,tue so le laude, la gloria et l'honore et omne benedictione»[66].

Attraverso questo tributo di lode e di gloria, il Creatore raggiunge la sua vera ragione di esistere e dà senso al suo stesso operare.

La lode è costituita da un conoscere, affermare, manifestare, praticare e godere:

A) La conoscenza, per poter tributare gloria a qualcuno è necessario conoscere chi esso sia, e quale valore esso abbia.

---

64   Cfr J.B. Freyer, Homo Viator, 33-39.

65   Sul Cantico delle Creature si veda F. Bajetto, Un trentennio di studi (1941-73) sul Cantico di Frate Sole, bibliografia ragionata, in «ItFr» 49 (1974), 5-62; V. Branca, Il Cantico di Frate Sole. Studio delle fonti e testo critico, Olschki, Firenze 1950; E. Leclerc, Le contigue de créatures. Une lecture de saint Francois d'Assise, Franciscaines, Paris 1988. Bisogna dire, però, che il Cant rappresenta una particolarità nel contesto dei suoi scritti, poiché né contenuto né stile linguistico sono presenti in questo modo negli altri scritti che di lui possediamo e costituisce un corpo estraneo nell'ambito del corpus delle sue opere.

66   Cfr Cant 26-31, (FF 263).

B) La manifestazione, è l'atto intero della conoscenza di chi
   si e incontrato

C) L'affermazione, è la propria consapevolezza di quanto si
   è conosciuto.

D) Il praticare, è il risultato di una meditazione interiore il
   quale produce una affermazione verso sé stessi.

F) La gioia, è una partecipazione dell'essere ad una dedizio-
   ne di sé stessi

Chiediamo scusa per questa introduzione un poco arida
del cantico di frate sole, ma ci è parsa di una certa utilità per
chiarire alcuni punti fondamentali[67].

Il Cantico delle creature, è uno dei più antichi testi della
letteratura italiana, ed è questo uno dei motivi principali per
cui è stato oggetto di studio; sia letterale che teologico, mistico e sociale.

Di rilevante importanza è il contesto storico in cui il Poverello d'Assisi compone il cantico delle creature, in quanto
ci aiuta a capire meglio la sua bellezza e, ad evidenziare la
sua originalità.

Il Poverello d'Assisi sta vivendo un periodo molto tra-
vagliato: prove fisiche (malattie), prove relazionali (rapporti
con i frati), psicologiche (delusione), spirituali (aver fallito
tutto)[68].

---

67   I cinque punti sopra elencati indicano con chiarezza che un essere non
intelligente e volente è incapace di dare gloria effettiva. Se nell'universo non ci
fossero creature intelligenti ma non solo esseri materiali non si vede quale gloria
ne potrebbe venire al creatore. Iddio non può creare che per Sé, d'altra parte Lui
non ha bisogno di nulla. Quindi Dio crea perché dalle creature intelligenti e volen-
ti riportino a lui, in omaggio di adorazione e di amore, tutto l'universo. Esso è un
grande libro che va letto da chi ha occhi per intendere e voce per farne sentire la
parola.

68   Secondo la testimonianza storica e informatissima di Tommaso da Celano, Vita seconda (scritta negli anni 1246-47) e di altre autorevoli fonti biografiche,
il Cantico fu composto dal Poverello, a San Damiano negli ultimi anni della sua
vita, probabilmente nella primavera 1225, dopo una notte di inauditi tormenti,
consolato dalla divina salvezza. Inoltre, dalla cosiddetta Compilazione di Assisi e

Siamo in un periodo storico tra il 1224 e il 1225, il Poverello soffre per una riacutizzazione di una vecchia malattia viscerale. I suoi inseparabili frati compagni lo assistono con continuità. Lo stesso Santo di Assisi temeva di essere affetto di una malattia incurabile, e per questo motivo si fa accompagnare all'eremo di San Damiano per congedarsi da sorella Chiara. Si sistema in una piccola cella („la cella delle stuoie") vicino al monastero. Da tempo, ormai quasi cieco, tiene gli occhi bendati, e È pertanto i giorni e le notti passavano per lui in totale buio fisico e spirituale. Ma non è tutto: i biografi parlano di «molestie di topi» che in quell'anno sono numerosissimi[69].

É proprio nel contesto di questa terribile «notte», che all'improvviso avviene una svolta: il Poverello d'Assisi sente il perdono dell'Amato, e che Dio gli sta rispondendo: un'immensa gioia invade l'animo del Poverello, che lo inonda di una immensa luce, il Santo di Assisi si sente riconfermato nell'anima, la certezza che Dio lo ama e lo amerà sempre; comprende inoltre, facendo una attenta rilettura della sua vita, che tutti gli eventi, anche i più tristi e particolarmente difficili sono opera della provvidenza divina.

In questo contesto estatico[70], invaso totalmente da una

---

dallo Specchio di perfezione, compilazioni bibliografiche che utilizzano con modalità più conservative gli stessi memoriali dei compagni del Poverello d'Assisi rielaborati dal Celano, siamo informati che la lassa del perdono fu composto da un violento dissidio con il vescovo e il podestà di Assisi, e queste stesse fonti di nuovo in accordo con il Celano-aggiungo che la lassa di sorella morte è nata negli ultimi giorni della vita del Poverello d´Assisi, quando gli fu annunziato che il suo trapasso era ormai imminente.

69   Il Celano interpreta la tortura dei topi come segno di tentazione diabolica per Francesco. Non è difficile individuare la natura di questa tentazione: le sofferenze con il rapporto con i frati e le sorti dell'ordine: nel 1220 Francesco ha lasciato volontariamente la guida dell'ordine da lui fondato. Nel 1221 scrive una regola che, sebbene apprezzata a voce da Papa Innocenzo III, tuttavia non riceve l'autorizzazione ufficiale. Due anni dopo è invitato a scrivere una nuova regola che riceverà l'approvazione pontificia, ma con dei ritocchi da lui non graditi. Questi eventi creano una forte sofferenza a Francesco e lo sprofondano in una esperienza portandolo in una fase oscura della sua vita. Cfr 2Cel 214 (FF 804).

70   Significato che è proprio dell´estasi: rapimento totale, il Poverello d´Assisi in una completa estasi, fa esperienza totale di Dio, avverte di essere «graziato» dal Signore che cli assicura la salvezza eterna. Questa esperienza di liberazione

gioia e pace interiore, e acceso da una irresistibile ispirazione canta: «altissimo, onnipotente, bon Signore».

Dopo questa attenta contestualizzazione del testo che stiamo prendendo in esame, mi sembra opportuno passare alla struttura e al contenuto. Innanzitutto il testo è di una semplicità di struttura e di immagini, quale è dato incontrare nel racconto biblico sulle origini del mondo. Al centro, principio e fine della lode creaturale, vi è l'Altissimo, onnipotente, bon Signore, verità e bellezza che alimenta i legami di fraternità fra tutte le creature. Il Poverello d'Assisi si apre alla fraternità universale e canta le creature non solo per la loro bellezza e utilità, ma anche perché gli è stato fatto il dono di vederle come „sacramento" di Dio. Un altro importante simbolismo che usa il Santo nel testo, è il maschile e il femminile, cantando i vari elementi ordinandoli a coppie miste:

- Frate Sole ....Sora Luna

- Frate Vento…....Sora Acqua

- Frate Focu…....Madre Terra

Il Poverello d'Assisi, dopo aver invocato e evidenziato la bontà, la paternità e la sovranità del Creatore «l'Altissimo», canta fratello sole, esemplare delle virilità e di ogni paternità, e chiude con la madre e sorella terra, esemplare della femminilità e di ogni maternità[71].

Si pone come fratello di tutte le creature, propone una nuova relazione, una nuova presenza nel mondo. Egli si pone all'interno di una unità profonda presente nel creato dove „tutto si tiene fraternamente per mano".

---

e di salvezza, i biografi la chiameranno «certificatio». In questo contesto il Santo parla con Dio e parla di Dio attraverso la lode della creazione, questa ricerca è la radice del Cantico: «Dio mio, Dio mio, chi sei tu e chi sono io!». Questo grido-invocazione del Santo si trasforma e cambia espressione e quel chi sei tu diventa Altissimo, onnipotente bon signore.

71   Cfr Cant 26-31, (FF 263).

Il poverello d'Assisi non si pone al disopra delle creature, non cerca di dominarle o di possederle, ma si sente come „portato" da loro verso il suo più alto cammino. Con tutte loro il Poverello d'Assisi si eleva fino a Dio.

Facendo una attenta considerazione più approfondita del cantico, notiamo come il Poverello d'Assisi ha uno stile letterale e un'arte poetica del tutto originale, canta i vari elementi, coniando l'arte melodica medioevale, e la poetica salmodica della lode biblica dell'Antico Testamento, e, con questa metodologia egli va incontro ad ogni essere creato, con riverenza, gentilezza e rispetto. Quando chiama "fratelli" il sole, il vento e il fuoco e "sorelle" la luna, l'acqua e la terra; egli ha preso piena consapevolezza che le creature viste sotto l'ottica di fratello e sorella non si posseggono, ma si ricevono in dono.[72]

In ultima analisi, posso dire che la rappresentazione di questa prima parte del cantico delle creature, è un concentrato di tutta l'esperienza umana, personale e relazionale che il Poverello d'Assisi fa nel corso della sua esistenza terrena, l'espressione di un universo riconciliato, grazie al grande abbraccio fraterno che il Poverello d'Assisi offre ad ogni creatura, quale risposta di gratitudine e gesto d'amore dell'Altissimo che ha generato il mondo e lo ha donato all'uomo perché lo abitasse e lo custodisse.

Il Poverello d'Assisi ci invita a riscoprire la vocazione primaria dell'uomo e il suo essere nel mondo con tutte le cose, in una democrazia cosmica.

L'esperienza etica della vita e della creazione che il Poverello fa, è la traduzione storica ed emblematica di questa

---

72   Il Poverello d'Assisi vive il rapporto con Dio e con il cosmo come una esperienza spirituale: abbandono fiducioso in Dio e rapporto di osmosi con le creature. Sicché egli quando osserva gli elementi della natura a ciascuno attribuisce un valore che esprime e riflette qualcosa di sé. Quando ringrazia Dio per sorella acqua, la chiama umile e casta. Un chimico, forse, arriccia il naso sentendo chiamare umile l'acqua. Ma il Poverello d'Assisi non vede nell'acqua una formula chimica, e nemmeno un oceano in tempesta. Vede l'acqua come un elemento che riflette qualcosa del suo animo, egli ha una visione sacrale del cosmo, e canta nel cantico la materia come realtà in cui e presente la potenza di Dio.

verità-realtà. Egli, mentre ci apre l'orizzonte della fraternità universale, ci invita ad unire la nostra lode alla lode silenziosa ed essenziale che tutte le creature intonano incessantemente al Creatore:

«Laudate et benedite mi Signore, et rengraziate et serviteli cum grande humiltate!»[73]

La seconda ed ultima parte del cantico, si differenzia notevolmente dalla prima, perché nella prima parte mette in evidenza il tema degli esseri materiali non ragionevoli messi dalla mano di Dio a disposizione dell'uomo ed è quest'ultimo che se ne serve, li interpreta e per mezzo loro si innalza e si abbassa.

«Laudato sii, mi Signore, per quelli che perdonano
per lo tuo amore,
Et sostengono infermitate et tribulatione.
Beati quelli ke le sosterranno in pace
Ke da te, Altissimo, saranno incoronati.»

Con queste parole, il Poverello d'Assisi passa dalla lode delle creature alla lode dell'uomo, che perdona e soffre in "pace", questo uomo che loda e adora Dio amando, e non ama se non perdonando le offese avute dai nemici.

Anche la sofferenza umana, legge profonda di etica cristiana, è non resistere al male. Perché colui che reagisce contro il male, operando il male, alimenta la fiamma dell'odio.

---

[73]   Cfr Cant 26-31, (FF 263). In questa prima parte del cantico, risalta il ringraziamento al Signore per tutte le creature e le cose da lui create. Con un linguaggio poetico il Poverello d'Assisi riprende la sinfonia della creazione quale è rilevata nella Genesi. Essa corrisponde anche ad una sequenza di natura scientifica; antica come il pensiero umano e nuova come la scienza del ventesimo secolo; ecco i tre stati in cui si presenta la materia: lo stato aeriforme, lo stato liquido e lo stato solido: fra questi stati sta l'energia, rappresentata dalla sua espressione più viva, il fuoco. È a causa dell'energia che la materia passa da uno stato all'altro, essa poi dona energia allo stato inverso. Questo aveva pensato il filosofo antico, riprendendo il sentimento comune, quando aveva fissato nei quattro elementi tutto il cosmo: la terra, l'aria, l'acqua, il fuoco. Questa divisione è viva anche oggi, e la risposta sta al modo di essere della materia nei vari stati non è così semplice come potrebbe credere qualcuno, fermandosi ad una cultura scolastica.

Il Poverello d'Assisi intendeva, col suo perdono che si sopportassero a somiglianza del Divin Maestro, quei piccoli torti ricevuti anche aspramente, come espiazioni dei difetti personali; ma per nulla intese lasciare impuniti i malfattori, tutti gli effetti della mania omicida. Perché la forza è segno di potere dei governi e dei prepotenti, poggiata sull'esempio di quasi tutte le legislazioni del mondo, sollevata da tutti i punti della storia umana.

La legge del perdono opportunamente chiude l'inno di «frate sole», perché l'uomo uscendo dalla scontrosa solitudine del suo essere, della superba megalomania di un vaporoso idealismo che lo lusinga, facendogli credere che l'io misuri in ogni cosa, si sentisse parte integrante del cosmo, e nella comunione di sostanze distinte e diverse, la sua sostanza umana provasse il gaudio di vivere nella lauda dell'amore a Dio.

«Laudato sii, mi Signore, per sora morte corporale,
da la quale nullu homo vivente pò skappare»[74].

Il cantico sembra che nella parte finale subisca una tragica interruzione, si chiama morte: con la morte tutto è perduto, quel corpo che rappresenta la meraviglia dell'universo sensibile, capace di muoversi, correre, vedere, sentire, respirare e cantare, in un istante diventa immobile, soggetto alla corruzione.

Uscito dalla polvere, nella polvere ritorna, non può porta-

---

74   Cfr Cant 26-31, (FF 263). Nella seconda ed ultima parte del cantico, risalta il perdono, l'accettazione delle sofferenze della vita e l'elogio per quelli che arrivano alla morte in grazia di Dio.
Egli è stato, insieme a Jacopone da Todi, uno dei pochi poeti del Medioevo a non essere ispirato al tema dell'amore verso una donna, infatti le sue poesie sono prevalentemente di ispirazione religiosa. In ultima analisi emerge dal cantico non solo una lode al Signore per le cose belle create per gli uomini, ma anche quelli che perdonano in nome dell'amore del Padre e sostengano le malattie e tribolazione. Il Poverello d'Assisi esorta gli uomini a non morire nei peccati mortali, condannatoli, ed esalta la morte chiamandola sorella "sora nostra morte corporale", egli quindi non ha paura della morte sempre temuta da ogni uomo, ma al contrario è felice poiché è proprio grazie a questa che la sua anima potrà avere un rapporto diretto con Dio.

re con sé nessuna cosa perché nulla più gli appartiene. Questa è la fine alla quale nessun essere vivente può sfuggire e alla quale tutti gli uomini sono soggetti.

Una persona può con la sua robustezza padroneggiare sui nemici, con l'astuzia sfuggire ai prepotenti, con l'abilità proteggersi da tanti mali, ma dinanzi alla morte, ognuno sa che un giorno dovrà essere vinto. A mio parere questo pensiero desta nell' umanità il terrore, per questa ragione, ognuno evita di pensare alla realtà più certa che gli dovrà necessariamente accadere.

Il ponte tra la vita e la morte non viene gettato, per il panico di pensare a che cosa avviene dopo la morte.

Ma l'occhio della fede trascende la sensibilità, e scorge perché gli è stato detto ciò che lo attende dopo l'ultimo momento della vita sensibile.

C'è un'altra vita, la decisiva, alla quale la morte corporale apre la strada e il Poverello d'Assisi ha il coraggio di dire cantando:

«Laudato sii, mi signore, per sora nostre morte corporale»[75].

Secondo una nostra semplice interpretazione, questa frase quasi finale del cantico, chiarisce ogni problema della esistenza umana: «guai» da una parte, «beati» dall'altra, mettendo a confronto questi versi con le parole del Vangelo

---

75   Cfr Cantico di frate sole 26-31, (FF 263). La gioia francescana supera l'amarezza; non è una insensibilità stoica, non è una leggerezza incosciente. È la sapienza dello Spirito Santo che fa vedere al di là degli stretti limiti dello sguardo terreno. Per questo il messaggio che si spande d'Assisi ha in tutti i tempi donato tranquillità. La visione del paradiso non impedisce lo zelo sulla terra, anzi fortifica. Essa non scoraggia gli uomini dalle imprese forti e belle della storia, ma ad esse un senso positivo. Qualcuno dice che il pensiero dei cieli scoraggia il compimento dei doveri sulla terra. No, la certezza del paradiso dà coraggio indomabile ai deboli per difendere la giustizia e la presenza dell'inferno terrorizza i delinquenti. Solo perché si sa che una vita ineffabile gaudio e di eterna gioia ci attende, gli uomini lottano, combattono, soffrono e sanno, con sorriso, morire. Lo spavento delle creature è diventato dolce come una sorella, come madonna povertà è salita con Cristo sulla croce e del Poverello d'Assisi è diventata sposa, cosi la morte trasforma in strumento di vita immortale attraverso la croce, diventa, nella parola del Poverello d'Assisi la soave «sorella» che dona l'ultima carezza.

facendoci meditare sull'ultimo giudizio, quando i maledetti, pronunciati con infinita potenza risuonerà nell'ultimo giorno, e quando la parola beata, chiamerà tutti gli eletti al gaudio eterno.

In quel momento sarà giudicata la storia, la storia di ciascuno, la storia dei popoli, la storia delle istituzioni, degli Stati, della sapienza della scienza, delle azioni, del bene e del male.

Il fine, l'assenza della moralità di ogni azione umana che è, quello che decide del destino eterno, consiste nell'armonia fra la volontà dell'uomo e la volontà di Dio.

Il bene, eticamente detto è la volontà di Dio, il male cioè l'assenza dell'etico, è la ribellione a questa volontà.

Tutto il resto in sé non è né male né bene, né la malattia, né la morte, né la ricchezza, né la vita, ma diventano bene o male secondo la suprema legge della risposta dell'amore.

La morte quando arriva decide per sempre secondo lo stato in cui l'anima si trova.

Se è abbandonata alla santissima volontà, è salva, se è fuori, è dannata. Beati coloro che esalano l'ultimo respiro nelle tue braccia.

«Ka la morte secunda nol farrà male
Laudate et benedite mi Signore, et ringraziateli et serviteli
Cum grande humilitate»[76].

---

76   Cfr Cant 26-31, (FF 263). Il cantico delle creature è al suo termine. Gli ultimi due versetti lo riassumono, è l'invito del Poverello d'Assisi con le braccia aperte, perché la lode si innalzi alla gloria di del Padre. Ringraziare Dio è servirlo, cioè adempiere alla sua volontà come in cielo cosi in terra. L'uomo con la sua natura è il più misero di tutti e allora ripara la propria facendo la volontà del Creatore questo e nient'altro è il cuore del pensiero del Poverello d'Assisi.

2.2 L'uomo creatura: aspetti etici e dignità
della persona

Il Poverello d'Assisi, nel suo pensiero anticipa di molti secoli uno sguardo etico sull'uomo, infatti quest'ultimo (l'uomo) assume un posto speciale nella creazione, ed è elevato alla dignità di persona.

Mentre a riguardo di tutti gli esseri spirituali e materiali della creazione - nel testo della Rnb citato sopra - afferma che sono stati „creati", per l'uomo dichiara che è stato formato da Dio: «[...] noi fatti a tua immagine e somiglianza». In riferimento alle affermazioni dei testi biblici, corrispondenti circa la creazione dell'uomo secondo la Genesi 1,26 e 2,15, l'uomo come creatura sta in una relazione del tutto speciale con il suo Creatore: è creato come immagine di Dio e a sua somiglianza e può conoscere il suo autore nella creazione, lo può chiamare per nome e rivolgersi a lui ringraziandolo.

Dal testo risulta che l'immagine e la somiglianza dell'uomo è riferita dal Poverello d'Assisi soltanto al Padre. Le parole „ad imaginem tuam et similitudinem" hanno come soggetto il Padre, cui il Poverello si rivolge. Non si può escludere, ovviamente, che egli abbia potuto pensare che l'uomo sia stato creato ad immagine e somiglianza di Dio-Trinità, perché afferma: «[...] per la tua santa volontà e per l'unico tuo Figlio con lo Spirito Santo hai creato tutte le cose spirituali e corporali»[77] e, quindi, vede il Padre agire per il Figlio e con lo Spirito; cioè, nell'opera della creazione è implicata tutta la Trinità. Tuttavia, negli scritti non troviamo un'esplicita conferma di questa ipotesi[78].

Un altro testo da prendere in esame e dal quale si può cogliere l'importanza dell'uomo e come è stato elevato alla dignità di persona, è la V Ammonizione: «Considera, o uomo, in

---

77   Cfr N. Nguyen-Van-Khanh, Gesù Cristo, 107.

78   C. Gniecki, La visione dell'uomo, 81.

quale sublime condizione ti ha posto il Signore Dio, poiché ti ha creato e formato a immagine del suo Figlio diletto secondo il corpo e a similitudine di lui secondo lo spirito» (v.1).

Mentre nel testo che abbiamo preso in analisi prima della Rnb, si sottolinea fortemente la creazione come opera della Trinità, sembra che qui il Poverello ascriva la creazione dell'uomo direttamente a Dio Padre[79], come all'autentica origine. Tuttavia, proprio in questo testo, è chiara la sua visione cristocentrica nell'atto della creazione. Cristo è il modello originario secondo il quale Dio Padre, insieme allo Spirito, crea. Il Padre crea e forma in conformità a Cristo, in quanto forma la creatura, cioè l'uomo, secondo il modello originario. Cristo è mezzo e modello originario della creazione[80].

L'espressione dell'Ammonizione V,1 «quia creavit et formavit te ad imaginem dilecti Filii sui secundum corpus et similitudinem suam secundum spiritum», crea qualche problema d'interpretazione rispetto al sui - suam. Se il suam è riferito a Dominus Deus viene fuori questo tipo di riformulazione:

- Il corpo dell'uomo è creato ad immagine del Figlio.

- Lo spirito dell'uomo è creato a somiglianza del Padre.

Se ammettiamo che il Poverello opera una netta distinzione tra immagine e somiglianza, senza distinguere tra le Persone divine, abbiamo quest'altra riformulazione esplicita:

- Il corpo dell'uomo è creato ad immagine del Figlio.

---

79   Dal contesto e, soprattutto, dall'espressione "dilecti Filii sui", risulta che "Dominus Deus" denota la prima Persona della Trinità, cioè il Padre. Come abbiamo già detto, Francesco attribuisce ogni attività nell'agire della Trinità sempre al Padre, e anche in questo caso le azioni espresse dai verbi posuerit, creavit, formavit appartengono alla Prima Persona. Non è dello stesso parere A.U. Valtorta, che nell'espressione „Dominus Deus" vede la Trinità. Cfr Idem, «L'uomo creato ad immagine del Figlio „secondo il corpo" negli scritti di Francesco d'Assisi», in V. Battaglia (Ed.), L'uomo e il mondo alla luce di Cristo, L.I.E.F., Vicenza 1986, 172 e 173.

80   Cfr N. Nguyen-Van-Khanh, Gesù Cristo, 101-114.

- Lo spirito dell'uomo è creato a somiglianza del Figlio.

Sarebbe proprio questa la lettura, a far intendere che l'uomo sia stato elevato a dignità di persona e che, secondo alcuni autori, corrisponde al pensiero del Poverello d'Assisi[81]. Dalla precisazione fatta dal Poverello, si può concludere che Dio ha creato l'uomo nella sua corporeità (in quanto essere materiale), ad immagine dell'umanità del suo Figlio (ciò che è visibile), e in quanto essere spirituale (ciò che non è visibile), a somiglianza della divinità del Figlio[82].
È palese come il Poverello nell'Ammonizione non sembrerebbe troppo interessato a dimostrare che una parte dell'uomo corrisponda a una Persona della Trinità. L'intenzione fondamentale della V Ammonizione, è di sottolineare il posto di eccellenza al quale Dio Padre ha innalzato l'uomo fra le creature ad una dignità unica, per dedurre, che l'uomo dovrebbe servire Dio meglio delle altre creature. Il posto d'eccellenza consiste nel fatto che l'uomo, secondo il suo corpo e la sua anima, cioè il suo essere tutto intero, è creato a immagine e somiglianza del Figlio diletto[83].

---

81   Cfr C. Gniecki, La visione dell'uomo,82-85; N. Nguyen-Van-Khanh, Gesù Cristo,104-111; S. Verhey, Der Mensch unter der Herrschaft Gottes. Versuch einer Theologie des Menschen nach dem Franziskus von Assisi, Patmos, Düsseldorf 1960, 34.

82   A proposito della differenza tra immagine e somiglianza risulta interessante l'opinione di N. Nguyen-Van-Khanh, Gesù Cristo,110: «Ci sembra che la differenza tra immagine e somiglianza, andrebbe cercata tra vita fisiologica naturale e vita di relazione con Dio, ammesso che Francesco insinui una differenza tra queste due parole. L'uomo è a immagine di Cristo secondo il corpo, cioè nella sua vita fisiologica naturale, e a somiglianza di Cristo secondo lo spirito, cioè nella sua vita di ragione e soprattutto nella sua relazione d'amore filiale con il Padre».

83   Cfr Ivi, 107.

2.3 Dimensioni etnico-antropologiche dell'uomo creato a immagine e somiglianza di Dio

Come già nel paragrafo precedente, ho preso in analisi il capitolo XXIII della Regola non bollata (nel quale il Poverello riferendosi alla creazione, afferma che tutte le cose materiali e spirituali sono create da Dio) così nella Quinta Ammonizione applica la stessa intuizione alla creazione dell'uomo che, nella sua totalità di materia e spirito, cioè di corpo e anima[84], sarebbe stato creato da Dio Padre a immagine e somiglianza del suo Figlio. Il Poverello d'Assisi sostiene l'unità dell'aspetto materiale e di quello spirituale, l'unità del corpo e dello spirito. Il Poverello d'Assisi, non si interessa di come siano uniti corpo e anima in nessun testo parla della differenza tra queste due componenti fondamentali dell'uomo; non approfondisce né la contrapposizione del corpo all'anima, né l'affermazione di inferiorità ontologica dell'una realtà rispetto all'altra; non c'è un corpo visto come prigione dell'anima o lo spirito inteso come la parte superiore, più nobile dell'uomo, e il corpo come la parte inferiore, meno nobile[85]. Al Poverello d'Assisi interessa considerare l'uomo nell'unità delle due componenti, ed ha una dignità da tenere fortemente in considerazione.

L'uomo è creato bene in tutto il suo complesso! Iniziando dalla creazione, si manifesta nel Poverello un'ampia visione complessiva e positiva di tutte le dimensioni dell'essere umano. Giacché il Creatore è „il Sommo Bene" da lui soltanto il bene può essere prodotto e per mezzo di lui soltanto il bene può nascere[86].

Come si è affermato sopra, non c'è un testo in cui si possa comprendere come il Poverello intenda la relazione tra la componente corporale e quella spirituale dell'uomo. È inter-

---

84   Francesco non fa grande distinzione tra spirito, anima e mente, per lui queste parole indicano l'elemento spirituale dell'uomo. Cfr Ivi, 110.

85   Cfr C. Gniecki, La visione dell'uomo, 107-108.

86   Cfr J.B. Freyer, Homo Viator, 79.

essante, invece, un testo che suggerisce un significativo rapporto tra l'anima e il corpo sul piano spirituale.

Il testo in questione è una parte del Saluto alle Virtù: «La santa obbedienza confonde tutte le volontà corporali e carnali e ogni volontà propria, e tiene il suo corpo mortificato per l'obbedienza allo spirito e per l'obbedienza al proprio fratello» (vv. 14-15).

Secondo le parole del Poverello, la virtù dell'obbedienza consiste nel mortificare il corpo per renderlo obbediente allo spirito. Qui si tratta del corpo e dell'anima-spirito considerati nella prospettiva di vita spirituale: si parla cioè, della dimensione etico-religiosa e non di quella strettamente ontologica. In questa prospettiva, cogliamo che per il Poverello l'anima ha una sua preminenza sul corpo.

La convinzione del Poverello d'Assisi, è che nell'uomo, tutto debba servire alla sua vita spirituale, che il corpo deve sottostare allo spirito e l'intera persona umana deve sottomettersi, a sua volta, allo Spirito del Signore, non lo conduce ad operare una separazione della componente spirituale da quella materiale, anzi lo incoraggia a considerare l'uomo nella sua unità e totalità anche sul piano spirituale.

Il corpo costituisce, da una parte, la condizione dell'essere nel mondo e lo strumento indispensabile per poter entrare in rapporto con le altre creature, e dall'altra il mezzo per relazionarsi con Dio. Egli stesso, nel suo Figlio, ha preso la forma umana, secondo la quale è stato formato il corpo umano[87]. Il corpo, l'elemento fisico dell'uomo, sarebbe quindi un'immagine del Figlio di Dio divenuto uomo[88]. L'uomo, comunque, si distingue dalle altre creature per la dimensione spirituale che fa l'uomo tale secondo l'esemplare primigenio, Gesù Cristo, e che gli rende possibile l'auto-trascendenza verso il Creatore[89].

---

87   Cfr J.B. Freyer, Homo Viator, 83-84.

88   N. Nguyen-Van-Khanh, Gesù Cristo, 112: «Per Francesco, il Padre, nell'atto della creazione dell'uomo aveva in mente il suo Figlio diletto nella condizione umana. Cristo incarnato è così il primogenito della creazione».

89   Cfr J.B. Freyer, Homo Viator, 79-80.

Per il Poverello d'Assisi l'alta dignità dell'uomo, consiste nell'essere immagine-somiglianza di Cristo, con l'elemento materiale-corpo e l'anima-spirito. La portata di questa realtà della creazione è decisiva. Ancora prima di qualsiasi teologia battesimale - che negli scritti di Francesco non è facile trovare - l'uomo già a causa della sua esistenza, per così dire dalla nascita, è connesso con Cristo con il corpo e con l'anima. Si può parlare, dall'inizio della sua esistenza, dell'uomo cristocentrico[90].

2.4 L'uomo in rapporto con Dio creatore e le creature

Facendo una attenta analisi del Cantico delle creature, emerge tra tante considerazioni, un particolare, il Poverello scopre nella creazione un simbolo di Dio, ma l'uomo ha per lui un significato assai maggiore, ed ha una dignità del tutto particolare in quanto è a „immagine e somiglianza"[91]. Il Poverello nella concezione della creazione è orientato in modo antropocentrico: „Nel Cant può chiamare le creature sorelle, proprio perché esse si rivelano simbolo di Dio per l'uomo e sono dono di Dio all'uomo"[92]. L'uomo ha una particolare responsabilità riguardo alle creature, che include addirittura un carattere di servizio, a causa della loro funzione simbolica e del loro essere dono. Il Poverello accetta di essere volontariamente sottomesso ad ogni creatura, proprio per questo, invita i suoi frati ad essere "[...] soggetti ad ogni creatura umana per amore di Dio" e "non soltanto ai soli uomini, ma

---

90   Cfr Ivi, 81.

91   Cfr F. Batazzi, L'ecologia e san Francesco, in «RTM» 17 (1985), 83-90; Cfr. J. Spiteris, La contemplazione del creato nel cristianesimo orientale e in san Francesco, in «Laurentianum» 30 (1989), 61-83.

92   B. Fajdek, L'amore di Francesco verso gli uomini e le altre creature, in «Vi Min» 63 (1992), 237-250.

anche a tutte le bestie e alle fiere"[93].

Tutte le creature, come l'uomo, hanno origine dall'atto creativo dello stesso Dio: il Sommo Bene. Uomini e creature hanno, dunque, lo stesso Creatore buono[94]. Decisiva è la visione di Francesco che nel Creatore riconosce, insieme al Figlio e allo Spirito, soprattutto il Padre come origine della vita. Uomini e creature hanno lo stesso Padre. Il Poverello d'Assisi riconosce in Cristo il primogenito di tutta la creazione, che è divenuto fratello di tutti. Per cui, insieme a un Padre comune, gli uomini e le creature hanno un Fratello comune. Dallo stesso atto creativo nasce una co-figliolanza rispetto a Dio Padre e una co-fratellanza rispetto al Dio Figlio incarnato in Gesù Cristo[95].

Alla luce di quanto detto finora, risulta evidente che per il Poverello l'uomo e le creature sono membri di un'unica famiglia[96].

Il Poverello riconosce alle creature un valore specifico, non perché sono ad uso degli uomini, ma per il fatto che la loro esistenza deriva da Dio stesso; da ciò ricava che le creature hanno come loro qualità, quella di „essere buone"[97]. Le creature e le cose, però, non sono solo un rinvio a una più grande bontà e bellezza in Dio, ma hanno in se stesse la bontà e la bellezza di Dio. Per questa ragione, Francesco impara a gioire ed entusiasmarsi di fronte alla bellezza della natura e delle cose[98].

Le creature, con la loro potenza simbolica, offrono un diretto accesso al Creatore e rappresentano la presenza divina

---

93   Cfr Rnb XVI, 6; SalVirt 17.

94   Cfr Rnb XXIII, 1.

95   Cfr J.B. Freyer, Homo Viator, 111-113.

96   Cfr J. van der Putten, Motivación ecològica para el Càntico de las Criaturas, in «VyV» 48 (1990), 89-96.

97   Cfr M. De Marzi, San Francesco d'Assisi e l'ecologia, Borla, Roma 2000, 60: «nella creazione non c'è nulla di intrinsecamente perverso».

98   Cfr A. Cesaretti, Francesco d'Assisi per un rinnovato rapporto con la natura e gli uomini, in «ItFr» 57 (1982), 641-652: «le cose non sono per lui semplicemente un pretesto per lodare Dio; le trova belle, molto belle e questa bellezza lo affascina».

nel mondo. Questa presenza si intensifica e si concretizza nell'Incarnazione del Verbo di Dio. Con il farsi uomo del Figlio, tutto l'universo è santificato e legato in una fraternità cosmica, che rende partecipi tutte le creature dell'amore divino.

Nella visione del Santo d'Assisi, la creazione è un dono dell'amore del Padre al suo Figlio; nel Figlio primogenito, poi, la creazione diviene dono per tutti gli uomini. L'uomo - che riceve questo dono della creazione con Gesù Cristo da Dio Padre - tuttavia egli stesso, in quanto creatura, è parte di questo dono del Padre al Figlio. La creatura umana è incastonata nell'immensità cosmica allo stesso tempo come "co-destinatario" e come "co-dono". Per questo motivo il Santo vede nell'uomo la creatura donata da Dio per mezzo della creazione e con la creazione; creatura che si percepisce legata da uno stupendo vincolo creaturale con ogni ente creato e con il cosmo intero. Proprio per questa ragione, la persona umana, insieme a tutte le creature, risulta essere dono del Padre al Figlio. Da questo legame teologico con l'universo, quale dono del Padre all'eterno Primogenito Gesù Cristo, scaturisce per il Poverello l'autentica „utilità" delle creature. Mentre le creature come dono sono espressione dell'amore di Dio, al quale partecipa l'uomo in doppio modo come „co-destinatario" e „co-dono", esse infiammano l'amore dell'uomo e lo portano alla lode di Dio[99].

2.5 La gioia del vivere come itinerario verso Dio e l'umanità del Poverello d'Assisi: dal Cantico di Frate Sole al Cantico di Sorella Morte

Con un linguaggio poetico, come detto sopra, il Poverello d'Assisi canta la gloria di Dio nel concerto di tutte le creature: «Altissimu, Onnipotente, bon Signore, tue so le laude,

---

99   Cfr J.B. Freyer, Homo Viator, 115-116.

la gloria et l'honore et onnie benedictione».[100] Possiamo evidenziare tutto l'amore che Francesco, aveva per il Creatore (fonte ed origine di ogni cosa) le creature e l'uomo; (Create ad immagine del Creatore).

San Francesco si fa poeta, perché vive tutta l'intensità della fede e dell'amore cristiano, di questa fede e questo amore il Poverello d'Assisi ne fa esperienza escludendo la natura del peccato.

Il peccato danneggia e distrugge con gravi conseguenze l'uomo, opera d'arte e immagine di Dio nella creazione.[101]

Per poter parlare della situazione dell'uomo immerso nel peccato, secondo la concezione del Poverello, è indispensabile sapere in che cosa consiste per il Santo, il peccato sia Originale, e sia ogni altro peccato dell'uomo.[102]
Il Poverello d'Assisi si è sempre classificato, sia lui che i suoi frati come peccatori, ne dà testimonianza questa espressione tipica del Poverello: „noi miseri e peccatori".[103]

Dal testo risulta che il peccato viene evitato da una forte fede, che eleva l'intelletto, sia pure in modo confuso, a figurarsi ed elevarsi in una verità assoluta.

Il Poverello d'Assisi, ebbe una vasta fede, che tutto per lui trovava significato in Dio «Deus meus et omnia». È gigante, seraficamente gigante, possedeva la fiamma d'amore che appare in terra in forma di Verbo Incarnato[104].

---

100   Il Cantico delle Creature, o Canto di frate sole così chiamato, secondo le fonti biografiche e storiche è stato redatto fuori Assisi nell'eremo di San Damiano. Nell'estate del 1225. Mentre malato e con gli occhi, quasi ciechi, giocava sotto la capanna di paglia tormentato da una vera invasione di topi. Cfr F. Bajetto, Un trentennio di studi (1941-73) sul Cantico di Frate Sole, bibliografia ragionata, in «ItFr» 49 (1974), 5-62;V. Branca, Il Cantico di Frate Sole. Studio delle fonti e testo critico, Olschki, Firenze 1950,; E. Leclerc, Le contigue de créatures. Une lecture de saint Francois d'Assise, Franciscaines, Paris 1988. Bisogna dire, però, che il Cant rappresenta una particolarità nel contesto dei suoi scritti, poiché né contenuto né stile linguistico sono presenti in questo modo negli altri scritti che di lui possediamo e costituisce un corpo estraneo nell'ambito del corpus delle sue opere.

101   Cfr J.B. Freyer, Homo Viator, 225-226.

102   Cfr A. Monteiro, «Peccato, vizio», in DF, E. Caroli (Ed.), 1995, 1394-1415.

103   Cfr Rnb XXIII,5.8; Lord 50.

104   La fede e l'amore sono due elementi costitutivi della vera poesia. Perché

Francesco costruisce la propria visione nel desiderio di sé più che di Dio, il Sommo Bene[105].

Nel testo del cantico, spicca una lode principale al Creatore, è la lode nelle creature che rispecchia l'immagine del Creatore fonte ed origine di tutte le creature.

Nel rapporto con il creato, il Poverello ci dà la carta magna per poter attualizzare, nel nostro Ventunesimo Secolo, il problema uomo che oggi pone interrogativi, provoca e crea enormi discussioni.

La tendenza che pervade da sempre l'essere umano, quella del potere, porta oggi l'uomo a violentare la natura e la vita stessa, in quanto è incurante delle sue leggi, e la sottomette alla sua volontà di potere. L'attenzione per il creato e la vita stessa, è essenzialmente una realtà relazionale, oggi interrotta dal forte egoismo umano.

Il Poverello d'Assisi ci invita a non sottovalutare questo aspetto evidenziandolo con un nome ben specifico, "il peccato" che deturpa l'uomo dagli antidoti della creazione.

Questo modo di vedere le cose, da parte del Poverello d'Assisi, è presente nella Rnb XXIII, 1: „E noi fatti a tua immagine e somiglianza hai posto in Paradiso. E noi per colpa nostra siamo caduti".

Con questa espressione il Poverello parla di „peccato di Adamo" e „peccato nostro", ma è fondamentalmente interessato a sottolinearne il profondo legame, sulla scia di quello che fa Paolo nella lettera ai Romani (5, 12-19), in quanto il peccato si inserisce nel genere umano all'atto di disobbedienza di Adamo[106].

Il peccato originale di Adamo, che è peccato dell'uomo, per Francesco consiste propriamente nell'appropriarsi del bene e ascriverlo a sé. Ciò significa che il bene che viene all'uomo

---

se la bellezza non è in forma chimerica ma realtà ideale che si concretizza a sufficienza nell'aspetto creato, bisogna dire che solo colui ch'è posseduto da Dio, che porta con se il paradiso, che sa amare, lodare e non peccare. Cfr L. Iriarte, Vocazione francescana, Dehoniane, Bologna 2006, 39-41.

105   Cfr J.B. Freyer, Homo Viator, 226-227.

106   Cfr C. Gniecki, La visione dell'uomo, 149.

nella creazione e nella vita, il Poverello, lo attribuisce a sé e non a Dio, lo reclama per sé e se ne appropria. Per cui la conoscenza del bene, con la disobbedienza, si pervertirebbe nella conoscenza del male. L'uomo, non attribuendo il bene a Dio, ma ascrivendolo a sé nella sua ostinazione, rifiuta quei comportamenti morali che, per il Poverello, sarebbero propri della sua natura e rifiuta la ricerca di Dio e l'orientamento verso di lui, Sommo Bene. Rifiuta, ancora, l'atteggiamento di gratitudine che spetta a Dio e, quindi, nega la vita come dono. Si fa autore della vita e, come estrema conseguenza, padrone della vita e della morte. Appropriandosi di tutto, rifiuta l'amore e si separa dalla creazione, dai suoi simili e da Dio. Infine, diviene caricatura di se stesso, eliminando la sua originale essenzialità cristocentrica: «E tutte le creature, che sono sotto il cielo, per parte loro servono, conoscono e obbediscono al loro Creatore meglio di te. E neppure i demoni lo crocifissero, ma tu insieme con loro lo hai crocifisso, e ancora lo crocifiggi quando ti diletti nei vizi e nei peccati» (Am V, 3).

Con i peccati e i vizi l'uomo crocifigge Cristo, cioè crocifigge la sua stessa immagine originaria, distrugge la sua stessa struttura cristologica e quindi distrugge la vivente immagine di Dio nella creazione.

Con il peccato l'uomo si separa dall'autentica sorgente della sua vita, nega a Dio di essere Creatore e non si riconosce come creatura[107].

Il Cantico è una scuola aperta all'anima contemporanea per sospingerla ai più alti ideali di vita. Purtroppo quest'anima oggi sembra muta e ottusa per comprendere le voci della natura e della vita stessa, il Poverello ancora una volta ci viene in aiuto, con una semplice parola, che per l'uomo di oggi come quello di ieri è suo nemico («il peccato»).[108] Il Poverello d'Assisi, seguendo il pensiero di Paolo, parla di tre realtà che da parte dell'uomo sono considerati come origine e causa del

---

107   Cfr J.B. Freyer, Homo Viator, 227-229.
108   Per la linea seguita in questo paragrafo si veda C. Gniecki, La visione dell'uomo, 150-167.

peccato: la carne, il mondo, il diavolo[109].

Questi tre nemici sono elencati insieme nella 1Lf: «Vedete, o ciechi, ingannati dai vostri nemici, cioè dalla „carne", dal „mondo" e dal „diavolo", che al corpo è cosa dolce fare il peccato e cosa amara sottoporsi a servire Dio» (2, 11).

Il Poverello d'Assisi per indicare questi nemici dell'uomo, che oggi più di eri sono una minaccia, usa i termini latini corpus e caro, che solo in pochi casi si trovano con un senso differenziato[110], altrimenti, in genere, vengono usati indifferentemente[111].

Dagli scritti del Poverello, troviamo molti testi, nei quali si parla esplicitamente di corpus in senso negativo, e perfino della necessità di odiarlo come il più grande nemico dell'uomo[112].

Il primo testo su cui si pone l'attenzione è nella Rnb XXII, dove il Santo raccomanda ai frati di "avere in odio" il proprio corpo unitamente ai suoi vizi e peccati:

«E dobbiamo avere in odio il nostro corpo con i suoi vizi e peccati, poiché quando noi viviamo secondo la carne, il diavolo vuole toglierci l'amore del [Signore nostro] Gesù Cristo e la vita eterna e vuole perdere se stesso con tutti nell'inferno; poiché noi per colpa nostra siamo ignobili, miserevoli e

---

109   «I nemici del cristiano, Paolo li vede concretarsi come un pericolo globale dalla triplice fisionomia concertata. Incontriamo in primo luogo un nemico operante nell'intimo stesso del fedele, ed è la carne, ossia, quella parte della sua persona ancora legata al suo "uomo vecchio". A questo nemico interiore se ne aggiungono altri due, provenienti dall'esterno: il così detto mondo inteso come ambiente generale contrario al vangelo e gli spiriti maligni presentati come potenze personali che esprimono la propria natura nella forma di una ostilità attiva e lucida al vangelo medesimo» G. Helewa, «Il combattimento dell'„Uomo nuovo" nel messaggio ascetico di Paolo apostolo», in E. Ancilli (Ed.), Ascesi cristiana, Teresianum, Roma 1977, 72-115.

110   Caro, può indicare più la natura umana decaduta (cfr. 1Lf 2,11), mentre corpus può indicare l'io egoistico e la volontà incline a fare il male (cfr. Rnb XXII, 5; Am VII, 4; XIV, 3).

111   Nel nostro lavoro considereremo i due termini come coincidenti, visto che negli Scritti di Francesco si ritrovano così considerati per la maggior parte delle volte.

112   Cfr Am I, 6; X, 2; XII, 2; 1Lf 1, 2; 2, 11; 2Lf 37.46.69; Rnb XXII, 5-8.

contrari al bene, pronti invece e volonterosi al male, perché, come dice il Signore nel Vangelo: «Dal cuore procedono ed escono i cattivi pensieri, gli adulteri, le fornicazioni, gli omicidi, i furti, la cupidigia, la cattiveria, la frode, la impudicizia, l'invidia, le false testimonianze, la bestemmia, [la superbia], la stoltezza (Mt 15, 19 e Mc 7, 21 e 22). Tutte queste cose cattive procedono dal di dentro del cuore dell'uomo, e sono queste cose che contaminano l'uomo» (Mc 7, 23; Mt 15, 20)» (vv. 5-8).

Il Poverello, ricorrendo all'autorevole testo dell'Evangelista Marco: «Dal cuore procedono ed escono [...]», vuole indicare che i vizi e i peccati rendono l'uomo immondo in modo forte.

Il corpo che bisogna avere in odio è qui da intendersi in riferimento non soltanto al corpo fisico dell'uomo ma, anche, alla natura umana e alla sua volontà che, dopo la caduta, è incline al male. Infatti, come afferma ancora il Poverello, il male deriva dalla parte più interiore dell'uomo: dal cuore, dall'amor proprio egoistico e dalla cattiva volontà.

Il Poverello d'Assisi spiega perché sia opportuno „odiare" il nostro corpus.

In primo luogo perché, vivendo secondo le inclinazioni del corpo, il diavolo vuole privare l'uomo dell'amore di Gesù Cristo e della vita eterna, a causa del cattivo uso del libero arbitrio. In secondo luogo perché, a causa del cattivo uso del libero arbitrio, la persona è spesso meschina e si oppone al bene, inclinandosi verso il male. Infine perché, come insegna il Signore nel Vangelo, dal cuore procedono ed escono tutti i mali, rendendo l'uomo immondo.

Secondo qualche studioso, il corpo di cui parla l'Assisiate sarebbe da intendersi come "l'uomo vecchio" di cui parla Paolo[113]. Come l'Apostolo, così anche il Poverello mette in

---

113   Cfr E. Brochu, «Chair, Esprit et Coeur dans l'Ècriture et chez S. Francois», in Studium 14 (1960), 313-328.

risalto l'opposizione tra „l'uomo vecchio e l'uomo nuovo". Guidato dallo Spirito, „l'uomo nuovo" diviene fedele al Signore e ai suoi insegnamenti; „l'uomo vecchio", invece, vuole privare il battezzato dell'amore del Signore e della vita eterna, per condurlo, così, alla morte. Paolo sottolinea la necessità che „l'uomo vecchio" muoia, insieme con i suoi vizi e peccati; il Santo esorta, invece, ad averlo in odio.

Dello stesso nemico, cioè del corpus, il Poverello parla ancora in un altro dei suoi scritti: l'Ammonizione X:

«Ci sono molti che, quando peccano o ricevono un'ingiuria, spesso incolpano il nemico o il prossimo. Ma non è così, poiché ognuno ha in suo potere il nemico, cioè il corpo, per mezzo del quale pecca. Perciò e beato quel servo che terrà sempre prigioniero un tale nemico affidato in suo potere e sapientemente si custodirà dal medesimo; poiché, finché si comporterà così, nessun altro nemico visibile o invisibile gli potrà nuocere» (vv. 1-4).

Secondo il Poverello, ci sono alcuni che, quando commettono un peccato o ricevono un'ingiuria, incolpano il nemico o il prossimo (v. 1). Di quale nemico si tratta nel v. 1 (Ci sono molti che, quando peccano o ricevono un'ingiuria, spesso incolpano il nemico o il prossimo [...])? Non è, ovviamente, lo stesso di cui si parla successivamente: cioè il proprio „corpo"! Quest'ultimo è qualcosa che appartiene all'uomo, su cui l'uomo ha potere. Al contrario, al v. 1 il nemico è al di fuori dell'uomo.

Dei tre nemici dell'uomo, fuori da lui sono il mondo e il diavolo; quindi, uno di questi due è il nemico di cui si parla al v. 1. Ma dei tre, il più grande e pericoloso è la carne-corpo (per cui mezzo l'uomo pecca), che è contrario ad ogni bene e che, fra tutti i nemici occupa, appunto, il primo posto.

Quando l'uomo pecca, non deve incolpare il nemico maligno oppure gli altri uomini, deve invece, attribuire la colpa al nemico che è insito in sé stesso, al nemico che è in sua potestà.

Per essere più precisi bisognerebbe ricondurre all'espressione corpus: l'egoismo, l'amor proprio, e la volontà perversa dell'uomo carnale[114]. In tale prospettiva, caro e corpus denotano, pertanto, non solo il corpo fisico, ma l'uomo intero considerato nella sua situazione di peccato, di contrasto con il Creatore, di debolezza e di incapacità ad agire bene. Il corpus è il primo „nemico" dell'uomo, per esso hanno accesso all'anima gli altri „nemici": mondo e diavolo. Per liberarsi dai nemici esterni all'uomo e non perdere, così, l'amore di Gesù, bisogna tenere il corpo assoggettato a sé, fino ad averlo addirittura in odio. L'uomo, in quanto condizionato dalla sua natura decaduta, senza l'aiuto del suo Signore, è facile preda di vizi e peccati e si pone inevitabilmente in contrasto con Dio e con la sua volontà. In quanto tale, considerato in prospettiva della vita teologale, l'uomo giunge ad essere addirittura nemico di sé stesso, fino ad „odiarsi". Egli deve, quindi, rinnegare se stesso, sottoporre il suo corpus al giogo del servizio e alla santa obbedienza e portare ogni giorno la croce del Signore Gesù Cristo[115].

Dopo la carne, il primo „nemico" individuato dal Poverello è il mundus[116]. Questa affermazione può sembrare in contraddizione con quello che il Poverello esprime nel Cantico, pertanto sarà necessario chiarire in che senso il mondo sia „nemico" dell'uomo.

Un testo interessante per approfondire questa tematica è,

---

114   Cfr M. Hubaut, «Quand Saint Francois parle du corps», in Evangile Aujourd'hui 123 (1984), 12-19: «Le traducteur est bien obligé de traduire ce «corpus» par «égoìsme» pour éviter toute confusion».

115   Cfr 2Lf 40: «Dobbiamo anche rinnegare noi stessi e porre i nostri corpi sotto il giogo del servizio e della santa obbedienza, così come ciascuno ha promesso al Signore»; oppure Am V, 8: «[...] ma in questo possiamo gloriarci, nelle nostre infermità e nel portare sulle spalle ogni giorno la santa croce del Signore nostro Gesù Cristo».

116   Per designare questa realtà negativa in cui l'uomo si trova, Francesco usa anche il termine saeculum (1Lf 2,5; 2Lf 36) oppure hoc saeculum (Am XV,2; 1Lf 2, 13-14; SalVirt 11).

ancora, il capitolo XXIII della Rnb: «Ora invece, da che abbiamo abbandonato il mondo, non abbiamo da fare altro che seguire la volontà del Signore e piacere unicamente a Lui. Guardiamoci bene dall'essere la terra lungo la strada, o la terra sassosa, o quella invasa dalle spine secondo quanto dice il Signore nel Vangelo [...]» (vv. 9-11).

Poiché i frati hanno abbandonato il mondo, non devono fare altro che seguire la volontà di Dio. Ovviamente, in questo caso non si tratta solamente di abbandonare il mondo dal punto di vista spaziale, ma soprattutto spirituale, una testimonianza ulteriore di questo dato si può individuare in un passo precedente della stessa Rnb: «E i frati che sanno lavorare, lavorino ed esercitino quel mestiere che già conoscono, se non sarà contrario alla salute dell'anima e può essere esercitato onestamente [...] e: «Ciascuno rimanga in quel mestiere e in quella professione cui fu chiamato» (Cfr. 1Cor 7, 24)» (VII, 3.6).

Abbandonare il mondo, quindi, non vuol dire fuggire da esso, ma cambiare lo stile di vita[117]: compiere ogni cosa secondo la volontà del Signore, vivere nel mondo operando il bene ed evitando quanto potrebbe impedire la realizzazione della propria salvezza. L'abbandono del mondo, non deve intendersi come una rinuncia ai beni terreni oppure come una limitazione di essi, bensì come un cambiamento interiore di fronte al mondo[118]. A tal proposito troviamo al capitolo X della Regola bollata:

---

117   In questo senso viene interpretata anche l'espressione di Francesco exivi de saeculo presente nel Testamento, 3. Cfr K. Esser, Il testamento di San Francesco d'Assisi, EFR, Milano 1978, 112-117 si coglie che l'espressione del Testamento significa cominciare una nuova vita simile allo stato religioso, che è segno esteriore della sua trasformazione interiore. Quindi, come afferma Lauriola: «è da escludere [...] ogni significato tendente al rifiuto come disprezzo, a meno che non si voglia identificare mondo con male. La distanza stabilita tra il frate e il mondo non è una distanza materiale, ma distanza dello spirito», G. Lauriola Introduzione a Francesco d'Assisi, La Scala, Noci 1986, 185, Cfr. L. Iriarte, Vision del mundo en San Francisco. Franciscanismo y sociedad contemporánea, in «VyV» 35 (1977), 97-119.
118   Cfr S. Verhey, Der Mensch, 52-53.

«Ammonisco, poi, ed esorto nel Signore Gesù Cristo, che si guardino i frati da ogni superbia, vanagloria, invidia, avarizia, cure o preoccupazioni di questo mondo, dalla detrazione e dalla mormorazione. E coloro che non sanno di lettere, non si preoccupino di apprenderle, ma facciano attenzione che ciò che devono desiderare sopra ogni cosa è di avere lo Spirito del Signore e la sua santa operazione [...]» (vv. 7-8).

Per il Poverello i frati devono stare attenti a non perdersi dietro le preoccupazioni per le cose del mondo, perché ciò che veramente conta è avere lo „Spirito del Signore" e agire secondo la sua ispirazione.

Per liberarsi da tutte queste vane preoccupazioni, il Poverello sceglie per sé e indica agli altri la povertà totale perché, come lui stesso afferma nel Saluto alle Virtù: «La santa povertà confonde la cupidigia, l'avarizia e le preoccupazioni del secolo presente» (v. 11).

Da quanto detto sopra risulta che il mondo viene considerato dal Santo d'Assisi come luogo di pericolo per il religioso, a motivo dello stile di vita che esso impone ai suoi seguaci. Quando diventa oggetto delle preoccupazioni, il mondo si contrappone a una vita religiosa e cristiana in genere, perché impedisce all'uomo (e ancor più al religioso) di fare la volontà di Dio e di seguire fedelmente il Signore.

Il mondo è visto come un male, un „nemico"; questa visione non poggia su un giudizio ontologico del mondo, ma sulla debolezza dell'uomo e sulle esigenze della vita religiosa e cristiana. Pertanto, il mondo risulta un nemico in senso morale.

Il terzo "nemico" dell'uomo, di cui il Poverello d'Assisi parla nei suoi scritti, è il diabolus[119]; però, non dice nulla della sua origine o provenienza, e neppure molto della sua natura. Da alcune espressioni presenti nell'Am V risulterebbe che,

---

119   Il sostantivo diabolus viene usato più volte negli Scritti, per designare lo spirito maligno: lo incontriamo, infatti, 16 volte. Oltre questo sostantivo, ne vengono usati ancora altri due, cioè satan o satanas, 3 volte, e daemon o daemones, 3 volte. Cfr A. Blasucci, «Demonio», in DF, 353- 368.

secondo la fede comune, Francesco consideri il diavolo come un angelo decaduto, originariamente buono, creato da Dio[120]: «[...] poiché un solo demonio seppe delle realtà celesti e ora sa di quelle terrene più di tutti gli uomini insieme, quantunque sia esistito qualcuno che ricevette dal Signore una speciale cognizione della somma sapienza». (v. 6).
Per il Santo d'Assisi trattasi, comunque, di un essere reale, distinto dall'uomo e dal mondo e dotato d'intelligenza e di volontà, anche se determinata al male.

L'azione del demonio è incentrata su un punto ben preciso: eliminare il legame dell'uomo con Dio.

Questa azione nociva del diavolo viene ben descritta nella Regola non bollata al capitolo XXII:

«E guardiamoci bene dalla malizia e dall'astuzia di Satana, il quale vuole che l'uomo non abbia la sua mente e il cuore rivolti a Dio; e, circuendo il cuore dell'uomo con il pretesto di una ricompensa o di un aiuto, mira a togliere e a soffocare la parola e i precetti del Signore dalla memoria, e vuole accecare il cuore dell'uomo, attraverso gli affari e le preoccupazioni di questo mondo, e abitarvi, così come dice il Signore: «Quando lo spirito immondo è uscito da un uomo va per luoghi aridi e senz'acqua in cerca di riposo e non la trova; e allora dice: Tornerò nella mia casa da cui sono uscito. E quando vi arriva, la trova vuota, spazzata e adorna. Allora egli se ne va e prende con sé altri sette spiriti peggiori di lui, poi entrano e vi prendono dimora, sicché l'ultima condizione di quell'uomo diventa peggiore della prima» (Mt 12, 43-45; Lc 11, 24-26)» (vv. 19-24).

Il diavolo, dunque, punterebbe soprattutto a separare l'uomo da Dio, distogliendo da lui la sua mente e il suo cuore, «Allettando l'uomo con i beni di questo mondo, il demonio tenterebbe continuamente di conquistare il cuore dell'uomo, impadronendosene, per cancellare dalla memoria la parola e

---

120   Cfr S. Verhey, Der Mensch, 54.

i precetti del Signore»[121].

Questo „nemico", pertanto, opera in diversi modi per mettere l'uomo in contrapposizione a Dio e per farlo peccare. La fine di coloro che si lasciano ingannare, dopo essersi sottomessi alla volontà del maligno, risulta molto triste. Quelli che si lasciano accecare da lui diventano suoi figli, compiono le sue opere e, morendo da persone che non vivono in penitenza, saranno "figli" del diavolo di cui compiono le opere e andranno nel fuoco eterno[122].

Il diavolo può indurre al peccato non solo con la sua azione diretta, ma anche indirettamente, servendosi, cioè, di altri uomini. Perciò, così Francesco ammonisce i frati:

«E si guardino tutti i frati, sia i ministri e servi sia gli altri, dal turbarsi e dall'adirarsi per il peccato o il male di un altro, perché il diavolo per la colpa di uno vuole corrompere molti [...]». (Rnb V, 7).

Tuttavia, quest'operare del demonio in ordine al peccato non ha sull'uomo un potere assoluto: l'uomo ha la possibilità di difendersi dalle incursioni di questo spirito maligno. Come il mondo, anche il diavolo ha accesso all'uomo per mezzo del suo nemico interiore, cioè del corpus; se l'uomo riesce a tenere in suo potere questo nemico personale, «nessun altro nemico visibile o invisibile potrà fargli danno»[123].

Gli altri mezzi a disposizione dell'uomo, per difendersi dal diavolo, sono: „la santa Sapienza", che confonde Satana e tutte le sue malizie e „la santa Carità" che confonde tutte le diaboliche e carnali tentazioni; inoltre l'orazione, il lavoro e una buona attività sono altrettanti ostacoli all'azione demoniaca[124]. L'uomo deve, quindi, lottare anche contro questo nemico invisibile[125].

---

121   S. Verhey, Der Mensch, 54-55.

122   Cfr Rnb XXI, 8.

123   Am X,3-4.

124   Cfr SalVirt 9. 13; Rnb VII, 10-12.

125   Francesco stesso viene descritto dai primi biografi come un lottatore straordinario contro Satana. Cfr 2Cel 9. 119; LegM 10, 3; 4, 2; CAss 118; SP 67. 99. A proposito si veda A. Blasucci, «Demonio», in DF, 353- 368.

Gli ultimi anni della vita del Poverello d'Assisi furono molto speciali. In qualche modo essi corrispondono ai primi anni della sua esperienza, quando era stato chiamato a scoprire la sua identità di uomo cristiano ed amare la vita.

Nella vita del Poverello d'Assisi, furono fondamentali sia l'incontro con la malattia emarginante dei lebbrosi, da lui condivisa mediante un abbraccio di misericordia, sia la rottura relazionale con la famiglia parentale, che aveva preso le distanze da lui, avendolo giudicato un discredito per la fama e l'onore della casa.

Negli ultimi anni avvenne qualcosa di simile: il lebbroso che egli incontrerà, sarà il suo corpo sempre più malato e fragile, e insieme sperimenterà le difficoltà relazionali con i suoi frati con i quali si stava manifestando una forma di rottura sul modo di vivere la vocazione minoritica.

In ambedue i momenti agli inizi e alla fine della sua vita, il Poverello d'Assisi fu chiamato a toccare la nudità della terra e lì deporre la sua persona per dare stabilità a tutto l'arco della sua esperienza[126].

Nel travaglio lacerante che ha vissuto il Poverello d'Assisi, colpito a morte sia dalla malattia fisica, sia dalle difficoltà relazionali con i suoi fratelli, egli dovrà compiere il passaggio dentro la grande tribolazione per lavare le sue vesti nel sangue del suo Signore Crocifisso e Risorto

Il Poverello d'Assisi, aveva preso concedo dai frati per andare incontro a sorella morte, gli ultimi attimi della sua esistenza, costituiscono le ultime pennellate di una vita consegnata all'amore di Dio nelle mani dei fratelli. Da quel momento egli non si apparterrà più e smetterà per sempre di essere frate Francesco sulla terra; per diventare subito San

---

126   Cfr 2Cel (FF 804) Leggendo la biografia del Santo possiamo rilevare due aspetti fondamentali paragonandoli a due periodi di inizio e fine vita: al terreno arido e forse roccioso sul quale egli ha dovuto fondare i due piloni, quello di partenza e quello di arrivo, del ponte della sua esistenza. Su quella roccia dura e avversa era stato chiamato all'inizio e alla fine della sua vita a scavare per fissare il ponte del suo itinerario umano, che lo sta conducendo all'incontro di colui che aveva cercato con tutto il cuore.

Francesco in cielo.

Il racconto degli ultimi giorni della sua vita, e gli eventi narrati alla sua morte ci vengono raccontati dalle fonti:

A) La Compilazione di Assisi, non ha un ordine cronologico nel narrare i   fatti, ma mette in risalto più volte gli ultimi istanti di vita del Poverello d'Assisi, in modo speciale quando il Santo, nel periodo che precede la morte fa soggiorno nel palazzo episcopale di Assisi, per l'aggravarsi della sua malattia, ha il desiderio di «dare conforto al suo spirito, onde non venisse meno a causa delle aspre e diverse infermità» e a tal fine fece chiamare alcuni dei suoi frati che lo allietassero con il canto delle lodi di Dio[127].

B) La biografia di Tommaso da Celano e San Buonaventura da Bagnoregio, tralasciano questa umanità del Poverello d'Assisi, per raccontare la morte di un Santo libero completamente dalla battaglia della sofferenza, e, proiettato verso Dio. Nel racconto Bonaventuriano, la morte di Francesco avviene all'interno di una solenne liturgia fatta di segni e simboli, dove il Santo ripropone in sé la figura del Cristo sofferente, lasciando ai suoi figli e fratelli un esempio di santità perfetta[128].

C) Nel primo gesto simbolico, il Santo volle proclamare la

---

127   Cfr CAss 99, 99-100 (FF 1637). L'episodio fa emergere la figura del santo d'Assisi in un'altra ottica dove emerge un'altra faccia di questa umanità umana nel morire, le lodi infatti lo aiutavano ad incontrarsi e forse gestire non solo il dolore ma anche la paura della morte. Interessante in tal senso e il dialogo, raccontato nel numero successivo, tra il santo e il medico che viene a visitarlo nel palazzo del vescovo d'Assisi. Alla reticenza del medico nel comunicargli che la morte era prossima, il Poverello d'Assisi lo invita ad essere onesto e senza paura: «dimmi la verità, che cosa prevedi? Non avere paura poiché con la grazia di Dio non sono un Contardo che teme la morte» (CompAss 100: FF 1638).

128   Cfr LegMin VII, IV (FF 1387). La Leggenda minore di San Bonaventura, è uno dei testi più utilizzati dai frati, in quanto redatto soprattutto per la recita dell'ufficio in preparazione alla festa del Santo fondatore. L'autore aveva realizzato una sistematica lettura teologica degli elementi agiografici già presenti nelle due vite del Celano.

verità fondamentale della sua esistenza che si trovava compiendo con la morte, un appuntamento al quale Francesco, forte e consapevole dell'incontro, va come un cavaliere che affronta l'avversario.

D) Il secondo ed ultimo gesto importante è quello rivolto ai suoi frati, questo combattente indomito, che resta eroe fino alla fine, volle chiudere la sua vita circondato dai suoi frati (e anche da una donna con i suoi dolcetti), per lasciare loro l'ultimo esempio.

Il modo di incontrare la morte costituisce dunque, per il Poverello d'Assisi, l'atto definitivo di uno svelamento della verità, di come l'amore per la vita e la gioia del morire, non escludendo la sofferenza si sia reso palese ed evidente nelle stimmate. Nella figura del Santo, l'uomo con la sua passione e con le sue paure era ormai completamente superato per far trasparire il perfetto imitatore di Cristo, colui che aveva vinto in anticipo la morte affrontandolo vittorioso. Per i biografi, il Poverello d'Assisi non muore, ma passa in Dio, giungendo finalmente là, dove era già arrivato con la sua vittoria nella carne.

Il Francesco di Pietro Bernardone diventato frate non c'era più, era rimasto solo il San Francesco, il serafico Poverello d'Assisi, il cavaliere di Cristo, l'Araldo del Gran Re, aveva vinto l'ultima e definitiva battaglia, per meritare il posto più alto in cielo tra i Serafini[129].

---

129   N. Nguyen-Van-Khanh, Gesù Cristo, 110: «ci sembra evidenziare che non cera differenza tra immagine e somiglianza a cristo, andrebbe cercata tra vita fisiologica naturale e vita di relazione con Dio, ammesso che Francesco insinui una differenza tra queste due parole. L'uomo è a immagine di Cristo secondo il corpo, cioè nella sua vita fisiologica naturale, e a somiglianza di Cristo secondo lo spirito, cioè nella sua vita di ragione e soprattutto nella sua relazione d'amore filiale con il Padre». Gli ultimi anni della vita di un uomo sono sempre speciali come lo sono stati quelli dall'inizio della sua vocazione. Mi sembra di partire da questo presupposto nell'indagine degli ultimi anni della vita di Francesco. Oggetto del presente studio sono gli anni 1224-1226, individuando in essi tre possibile tappe storiche esistenziali: il momento della difficoltà relazionale di Francesco con se stesso, per le sue malattie, e con i fratelli risolte nell'esperienza dell'Averna, la scrittura del testamento, quale ultimo atto della sua passione per i suoi fratelli, e infine il mo-

2.6 L'esperienza della sofferenza e del dolore nel Poverello d'Assisi

Si verifica sempre un notevole impaccio a parlare del dolore: da un lato se ne ha quasi sempre paura, dall'altro forse, si teme di precipitare nella superficialità o, peggio ancora la retorica. Eppure, la sofferenza è connaturale alla nostra vita, è parte ineliminabile di essa, è dimensione del vivere quotidiano, in tutta la sua drammatica e cruente realtà, e il Poverello d'Assisi è riuscito a mostrarne il chiarore, lui che lodava Dio per quelli che sostengono infermitate e tribolazione[130].

Nella vita del Poverello d'Assisi furono presenti drammi, ansie, incertezze, crisi, e il volerli rimuovere per darne un'immagine edulcorata, non aiuta minimamente a cogliere la straordinaria forza e la drammatica grandezza. Ma, come si è detto, dalla sofferenza e dal dolore egli è riuscito a mostrare lo splendore.

Il poverello d'Assisi è tra coloro che hanno accolto Dio in totalità, e per questo è riuscito a comprendere fino in fondo il mistero del dolore. I suoi compagni raccontano un episodio significativo, affermando di averlo appreso dalla viva voce di chi ne fu testimone: Il testo in questione è una parte della Compilazione d'Assisi:

«Una volta, pochi anni dopo la conversione, camminando un giorno solitario   per una via non molto distane dalla chiesa di Santa Maria Degli Angeli detta (della Porziuncola),

---

mento supremo della sua morte, traccia il percorso fondamentale del Poverello che ha dovuto vivere nei suoi anni della vita terrena, per giungere alla consegna definitiva a Dio.

130   Cfr 2Cel (FF 804), si prova sempre un notevole imbarazzo a parlare del dolore: da un lato se ne ha quasi sempre paura; dall'altro, forse, si teme di cadere nella superficialità, o peggio ancora, nella retorica, eppure la sofferenza parte ineliminabile della vita del Poverello d'Assisi è riuscita a mostrarne la luce, lui che loda Dio per quelli che sostengono infermitate e tribolatione e chiama la morte sorella. Egli comprende il senso del dolore suo e degli altri, poiché comprese anzitutto il dolore di Dio.

piangeva e gemeva ad alta voce. Proseguendo in tal modo nel suo cammino, gli si fece incontro un uomo spirituale, che noi abbiamo conosciuto e saputo questo fatto. Quest'uomo mosso a pietà interrogò il Santo «che cosa hai fratello?», credeva infatti che soffrisse i dolori a causa delle infermità. E il Poverello rispose: dovrei andare per il mondo, piangendo e gemendo senza vergogna per la passione del mio Signore. Quest'uomo cominciò a piangere fortemente con il Santo d'Assisi»[131].

Il ricordo del dolore del Signore, generò dunque nella figura del Santo d'Assisi una solidarietà profonda con i malati: essi rendevano ancora presente il Cristo, Egli infatti, aveva assicurato: «ero ammalato e mi avete visitato» (Mt 25, 36).

Per noi dovrebbe essere lo stesso! Il contatto con il mondo della sofferenza, non dovrebbe avvenire unicamente sotto la spinta della solidarietà umana: è un rischio, questo, che corre il volontario di ispirazione Cristiana. A volte il rapporto col malato, col bisognoso, con l'emarginato, è visto quasi sicuramente nell'ottica di un rapporto di solidarietà, di servizio verso chi è in difficoltà, tutto viene così sostenuto dall'idea generica, anche se bella e generosa.

Se però ci si ferma a ciò, è molto facile che in quel servire ci si entri nella tentazione di volersi sentire importante per qualcuno, e si finisce pian piano, ad una gratificazione esclusivamente personale, fino a raggiungere l'esatto opposto del punto di partenza. Se a muoverci invece è la memoria del dolore di Cristo, se il malato è egli stesso il Cristo, sofferente, allora si avrà la certezza piena e gratuita[132]

---

131   Cfr CAss, (FF 1608); lo stesso episodio si trova in Spec 92 (FF 1790); Men 11 (FF 594); 3 Comp 14 (FF 1413). Cfr Manselli, Nos qui cu meo fuimus, 232-236. Il ricordo della Passione dolorosa del Signore fu costantemente vivo nella memoria di Francesco, grazie a tale ricordo egli riuscì a comprendere il dolore degli altri, e a essere loro vicino. Un passo della regola non bollata, manifesta molto bena la fraternità vissuta dai primi tempi da lui e dai suoi compagni: uno stile di vita in cui l'attenzione all'altro costituiva uno dei punti di verifica dell'autenticità della scelta fatta. Rnb X, 1-2 (FF 34).

132   Cfr CAss 77, 4-5 (FF 1608.1609); CAss 77, 4-5 viene ripreso da Spec 91,

Siamo sufficientemente a conoscenza, del lungo calvario, vissuto dal Poverello d'Assisi, se leggiamo le fonti biografiche, possiamo ricostruire precisi studi sulla vita vissuta del Poverello d'Assisi[133], infatti come dato storico, ci perviene che il Poverello d'Assisi non abbia mai avuto una salute di ferro, anzi al contrario, per natura era molto delicato, nella sua gioventù spesso si ammalava, tanto da interrompere i suoi sogni di gloria che aveva. La prigionia fatta a Perugia (1203-1204), probabilmente minò notevolmente il suo fisico: Tommaso da Celano ci dà notizia di una lunga malattia da cui fu afflitto dopo la prigionia, una volta tornato alla casa paterna, ma quasi, questa sopraggiunse già durante la carcerazione[134].

Ancora una volta, facendo una attenta lettura alle fonti biografiche del Poverello d'Assisi, esse ci raccontano gli sforzi notevoli che il Santo adoperò per restaurare la piccola chiesa di San Damiano, evidenziando la sorpresa e la meraviglia che egli destasse per il solo fatto, che , benché tanto delicato, si mettesse le pietre sulle spalle e trasportarle fino alla suddetta Chiesa, e altri episodi in cui il Poverello risulta ammalato[135].

Per tutta la seconda parte della vita che lo accompagne-

7.1 (FF 1789). Il ricordo e la meditazione del dolore di Cristo condusse il Poverello d'Assisi ad accogliere pienamente la sofferenza, forte e prolungata, che gli tocco di vivere. A questo proposito ritengo opportuno citare ancora una volta la testimonianza dei suoi compagni: Per la gran dolcezza e compassione che ogni giorno traeva dall'umiltà e dalle orme del Figlio di Dio, quello che riusciva amaro dalla sua carne, lo accoglieva e sentiva dolce. E totalmente si doleva ogni giorno dei dolori e delle amarezze che Cristo sopportò per noi, e tanto se ne affliggeva, dentro e fuori, che dei suoi dolori non si curava.

133   Cfr SCHMUCKI, La Malattia di Francesco, 222-223.

134   Cfr 2Cel (FF 323).

135   Cfr 3Comp, 21.11 (FF 1421). Attraverso la testimonianza dei compagni, veniamo a sapere che, prima del viaggio in terra santa il Poverello d'Assisi fu costretto ancora una volta a motivo della sua infermità. Dissero infatti che „nel tempo che ancora nessuno fosse ricevuto nella vita senza licenza del Beato Francesco", questa annotazione che ci consente situare l'episodio prima della partenza per l'Oriente. Il figlio del nobile di Lucca (nobile secondo il mondo) venne con gli altri che volevano entrare nella religione: il Beato Francesco allora era ammalato, e dimorava nel palazzo del Vescovo di Assisi.

rà fino alla morte, il Santo d'Assisi soffri molte malattie: di fegato, di milza e di stomaco, e in ultimo la malattia a gli occhi (tracoma)[136] la quale non concesse tregua al Poverello d'Assisi:

«Dal tempo in cui si recò oltre mare per predicare al sultano Babilonia e d'Egitto contrasse una gravissima malattia agli occhi, in seguito all'affaticamento causato nel viaggio, poiché all'andata e al ritorno dovette sopportare una grande calura. Non volle tuttavia avere alcuna sollecitudine per farsi curare da nessuna di queste malattie, per quanto ne fosse pregato dai suoi fratelli e da molti che ne sentivano pietà e compassione: e ciò per il fervore di spirito che dall'inizio della conversione egli portava a Cristo»[137].

Oltre la malattia agli occhi, un'altra patologia affliggeva la salute del Poverello d'Assisi, la febbre malarica che, a intermittenza gli provocava fortissime crisi: una dovette sopportarla intorno al 1221, secondo quanto testimoniano i compagni, che raccontano un episodio emblematico del rapporto instaurato dal Poverello d'Assisi con se stesso e il proprio corpo durante la fasi acuta della malattia.

L'esperienza ineludibile al dolore ha posto sempre il Poverello d'Assisi difronte alla domanda che non ha risposta razionale persuasiva, perché il dolore?

Il Santo propone come sintesi della sua vita una risposta esaustiva della fede, per la quale il dolore redime il peccato, condividendo la Croce di Cristo, offre spunti di riflessione filosofica, che possono aiutare ed accogliere e condividere la passione e morte di Gesù. «Beato il servo che accumula per il cielo i beni che il Signore gli mostra e non desidera manifestarli agli uomini con la speranza di averne ricompensa poiché lo stesso Altissimo manifesterà le sue opere a chi gli

---

136   Cfr SCHMUCKI, La Malattia di Francesco, 228-229.
137   Cfr CAss 77,1-3 (FF 1608) Che quando parla di malattia, rinvia semplicemente ad un altro luogo. Cfr Spec 91,2-3 (FF 1789).

piacerà» (Am XXVIII).

2.7 Il Poverello d'Assisi profeta del nostro tempo: un confronto etico-antropologico nel XII secolo

L'Antropologia francescana del XII secolo, pur consapevole della mancanza, nelPoverello d'Assisi, di una trattazione sistematica del tema etico riguardante specificamente l'uomo, cercherà di capire la portata dell'influsso subìto dal pensiero antropologico del suo tempo.

L'attenzione sarà centrata, innanzitutto, su alcuni aspetti comuni, provenienti dalla visione di uomo propria del Poverello e da quella del suo tempo, per poi sottolineare quegli elementi che risultano nuovi o, piuttosto, propri del Poverello d'Assisi.

Alcuni elementi comuni che affioravano nella concezione dell'uomo, erano quelli sulle relazioni che Francesco aveva avviato con i movimenti spirituali del XII secolo, qualcuno afferma che nel Poverello d'Assisi c'è «una profondità di pensiero, d'intuizione, in consonanza con la riflessione etica teologica del suo tempo»[138].

Benché la visione del Poverello d'Assisi sia fuori dagli schemi di un'etica filosofica o di una teologia scientifica e non appartenga ad alcuna scuola, ritengo che essa contenga indubbiamente una certa matrice culturale del suo tempo, presentando anche dei punti comuni con la concezione dell'epoca.

Una delle più importanti caratteristiche dell'epoca, in cui visse i Poverello, è rappresentata dal fatto che l'uomo, considerato in sé stesso, non costituisce oggetto di studio o di riflessione. L'uomo non viene preso in considerazione se non nel suo rapporto esistenziale con Dio, con il suo Creatore e Salvatore. Anche il Poverello, ogni volta che parla dell'uo-

---

138   W. de Paris, Rapports de saint Francois d'Assise avec le mouvement spirituel du XIIe siècle, in «EtFr» 12 (1962), 129-142.

mo, lo vede in relazione a Dio.

Per il Poverello d'Assisi - come d'altronde per i mistici medievali - la conoscenza dell'uomo, soprattutto della sua nullità, dell'abisso dei peccati nel quale viene a trovarsi e dell'ingratitudine verso il suo Creatore, costituisce un invito a rendere grazie a Dio per i suoi benefici e il motivo di uno sforzo sempre maggiore per corrispondere alla chiamata divina.

L'uomo e tutto ciò che esiste, devono la loro creazione all'amore di Dio e alla sua bontà. È comune convinzione che la creazione, come pure tutta l'opera salvifica, siano opera di Dio-Trinità. Tuttavia, qui si coglie una differenza tra i pensatori del sec. XII e Francesco: per i primi, l'uomo è stato creato ad immagine e somiglianza della Trinità ed è l'anima sola a portare le „vestigia" della Trinità. Il Poverello, invece, parla dell'uomo creato ad immagine e somiglianza del Figlio di Dio, del Verbo incarnato del Padre, è il Figlio, Uomo-Dio, alla cui immagine e somiglianza l'uomo è stato creato, compreso anche il suo corpo. Il Poverello afferma che, quanto Dio ha creato appartiene a due generi di esseri: spirituali e corporali. L'uomo è formato da due dimensioni: una spirituale e l'altra materiale, costituito, pertanto, da queste due dimensioni antropologiche, unisce in sé il mondo spirituale e quello materiale.

Il Poverello d'Assisi, al pari di quelli del suo tempo e in linea con la tradizione patristica, vede l'uomo privilegiato in modo speciale dal Creatore, perché creato ad immagine e somiglianza di Lui e perché gli sarebbe stato assegnato un posto eccezionale tra le creature. Le altre creature del mondo sono date per l'utilità dell'uomo e con esse e per esse l'uomo sale al trono del Creatore di tutte le cose[139].

Comune al Poverello e al suo tempo è, inoltre, la con-

---

139   Bisogna ricordare che Francesco non s´interessa delle cose del mondo solo perché sono immagine di Dio e conducono a Dio, ma le ama e loda l´Altissimo anche perché sono belle ed utili in sé stesse; Cfr Cant 3-9.

sapevolezza della presenza del peccato nell'uomo, della sua situazione di peccatore e della sua lontananza da Dio, dopo il peccato di Adamo.

Questo fatto costituisce l'elemento centrale della concezione dell'uomo in quell'epoca. Tutti sono d'accordo che l'uomo nella sua libertà può sì, aprirsi a Dio, ma in seguito al peccato d'origine può anche chiudersi al Creatore e dedicarsi esclusivamente ai beni terrestri[140].

Dopo il peccato originale, la libertà dell'uomo si realizza nel compiere più spesso il male che il bene. Per cui, oltre alla dignità e grandezza dell'uomo, si parla anche della sua miseria.

Tutti, però, sono convinti che il Figlio di Dio si è incarnato e ha condiviso la condizione umana per risollevare l'uomo dalla miseria del peccato e riportarlo allo stato originale. Pertanto, l'Incarnazione è vista come un grande atto di amore e di umiltà del Figlio di Dio.

E' comune la convinzione che l'uomo, da parte sua, debba disprezzarsi ed umiliarsi, perché anche Gesù si è umiliato incarnandosi ed è stato disprezzato; perciò, per essere glorificati insieme a lui, bisogna seguirlo fedelmente[141]. L'uomo di cui si parla in quest'epoca è, dunque, l'uomo-cristiano, messo sempre in stretto rapporto con Dio Creatore e Salvatore dell'uomo stesso.

La visione del mondo e del rapporto che l'uomo avvia con esso, per di più, concorda molto con la concezione del mondo e della natura propria della scuola di S. Vittore. Similmente, il Poverello vede il mondo come opera di Dio e, perciò, ne descrive la bellezza e con esso e per esso loda il Signore; in quanto, però, oggetto ed occasione di concupiscenza e di peccato per l'uomo, lo considera come un pericolo

---

140   Francesco non lo dice espressamente, ma si evince dai suoi scritti.

141   Sull'importanza dell'umiltà nella vita spirituale insistono molto, soprattutto, san Bernardo e Innocenzo III. Anche Francesco, nei suoi scritti, sottolinea l'umiltà di Gesù Cristo (Cfr Am I, 16-17; LOrd 27) raccomandando con fermezza ai frati di seguire l'umiltà del Signore, associandola alla povertà (Cfr LOrd 28; Rnb IX, 1; Rb XII, 5; SalVirt 2).

per la vita cristiana e religiosa, chiamandolo nemico dell'uomo. In entrambi i casi, questa considerazione del mondo è strettamente unita all'amore di Dio che deve essere amato sopra ogni cosa.

Simile coincidenza potrebbe rintracciarsi anche tra la visione del rapporto dell'uomo con il mondo stabilito dal Poverello e il contemptus mundi di S. Bernardo, che è soprattutto un esercizio di umiltà, riconoscenza della propria miseria e pratica della carità fraterna: un cammino, cioè, verso il compimento dell'amore di Dio nell'amore fraterno[142].

Questi sono alcuni degli aspetti comuni della visione dell'uomo nel Poverello d'Assisi e quella del suo tempo. Essi, però, non soltanto sono propri di quell'epoca, perché nella maggior parte risalgono alla tradizione patristica (S. Agostino) e biblica.

Bisogna, infine, notare ancora che negli scritti del Poverello non troviamo alcun cenno circa la visione dell'uomo e del mondo, secondo la concezione del dualismo cataro. La dottrina dei catari ha suscitato un'enorme risonanza popolare. La loro peculiare concezione della vita, del dolore e della morte costituiva un potente mezzo di penetrazione tra le masse. La grande diffusione dell'eresia obbligò la Chiesa a dare il massimo di pubblicità all'abiura e a sottolineare e a far conoscere le dottrine ereticali.

Ciò premesso, risulta impossibile pensare che il Poverello non abbia conosciuto queste dottrine eretiche. Egli aveva diverse possibilità di conoscere tali eretici, poteva essere al corrente di questo movimento per contatto personale[143] e attraverso l'insegnamento della Chiesa, oppure per gli studi

---

142   Del rapporto di Francesco con il contemptus mundi si veda W.C. van Dijk, «Saint Francois et le mépris du monde», in EtFr 15 (1965), 157-168. L'autore cerca di dimostrare quanto il Santo segua la tradizione del contemptus mundi nel sec. XII, parlando anche degli aspetti nuovi, propri di Francesco.

143   La Valle Spoletana era un centro del catarismo radicale nell'Italia centrale. E' quindi impossibile che Francesco non incontrasse i catari, dato che questa regione era la sua "piccola patria". Cfr K. Esser, Franziskus von Assisi, 225-264.

compiuti presso i canonici di Assisi[144], o per i contatti che i suoi frati avviavano con gli eretici durante il loro continuo peregrinare per il mondo.

Nei suoi scritti, il Poverello d'Assisi non nomina mai gli eretici, né polemizza direttamente con loro in merito agli errori dottrinali; si riscontra, però, che egli li conosceva bene e che si industriasse nell'esporre le verità da loro contestate[145].

Di fronte all'eresia, il Poverello suggerisce un nuovo atteggiamento: non la negazione aggressiva e violenta degli eretici, ma l'esempio della propria vita[146].

La visione dell'uomo, nel Poverello d'Assisi, oltre a presentare elementi comuni con quella del sec. XII, differisce spesso da essa; possiede degli aspetti nuovi, degli elementi propri che la rendono diversa da quella del suo tempo.

Si potrebbe affermare che questo fatto sia dovuto alla fedeltà di Francesco al Vangelo, alla sua interpretazione di ogni realtà alla luce del Vangelo.

Gli scritti dimostrano come conoscesse la Scrittura, soprattutto il Nuovo Testamento. Il grandissimo numero di citazioni e di riferimenti - non solo al NT ma anche all'AT - e la loro concatenazione, mostra una grande familiarità del Santo con la Scrittura[147]. I testi scritturistici, profondamente meditati e assimilati dal Poverello, costituiscono il nucleo del suo pensiero e la base fondamentale dei suoi scritti[148].

Questo fatto si considera di grande importanza, anche per la sua visione dell'uomo, la quale riflette fedelmente l'insegnamento biblico e, soprattutto, quello di S. Paolo.

---

144   Cfr R. Bartolini, Lo Spirito del Signore, 3.

145   Cfr K. Esser, Temi Spirituali, 291-292: Francesco «non cercò di combattere l'eresia con la lotta o la discussione, ma con la preghiera». Ad esempio, per manifestare chiaramente la sua opposizione all'eresia catara, il Santo, non si stancava di proclamare, con estrema decisione, la realtà della maternità di Maria. Un altro esempio può considerarsi il suo atteggiamento verso l'eucaristia e verso i sacerdoti, contestati dagli eretici.

146   Cfr R. Manselli, Il secolo XII, 275. 330-331.

147   Cfr W. Viviani, L'ermeneutica di Francesco d'assisi. Indagine alla luce di Gv.13-17 nei suoi scritti, Antonianum, Roma 1983, 102-104.

148   Cfr Ivi, 406-408.

Riteniamo che, grazie a questa fedeltà all'insegnamento biblico, il Poverello sia riuscito ad evitare certe deviazioni antropologiche nelle quali, invece, sono stati coinvolti alcuni autori cristiani del tempo e, soprattutto, gli eretici.

L'antropologia del Poverello, libera dalle speculazioni teologiche e dagli influssi dei sistemi filosofici del suo tempo[149], è fedele all'insegnamento evangelico sull'uomo, non ha assolutamente subìto l'influsso della concezione antropologica del tempo.

Pertanto, negli scritti del Poverello, tutto l'uomo, anima e corpo, è visto come opera della Bontà divina. L'uomo è stato creato ad immagine e somiglianza del Figlio di Dio, del Verbo incarnato del Padre.

Nell'excellentia, in cui Dio ha posto l'uomo creandolo ad immagine e somiglianza del suo Figlio diletto, è incluso tutto l'uomo, anima e corpo. Non si parla, come si è visto, della differenza tra le due dimensioni dell'essere umano e non viene neppure affermata l'inferiorità ontologica dell'una rispetto all'altra. Ambedue le componenti, hanno lo stesso Autore e lo stesso Modello, ad immagine e somiglianza del quale sono state create.

Anche sul piano etico-religioso e, cioè, nella considerazione dell'uomo nella sua realtà di peccatore, quest'ultimo non viene suddiviso in parte buona e in parte cattiva. Il corpo, perciò, non è visto come causa principale del peccato: il peccato proviene dal di dentro dell'uomo, dallo spirito carnale, non dal corpo in quanto tale. Alla luce della visione unitaria della persona, il corpo umano non solo non viene considerato inferiore all'anima e, di conseguenza, disprezzato, cosa presente nell'antropologia del sec. XII, ma è addirittura visto in una luce positiva. Il corpo è, dunque, considerato dal Poverello come un dono di Dio, indispensabile alla vita dell'uomo: il corpo è il mezzo della presenza del Signore stesso tra

---

149   La Bibbia nel sec. XII viene interpretata con l'aiuto dei Padri, e spesso anche con riferimento ad autori pagani e a discipline razionali. Per cui, il concetto di uomo, pur essendo basato su dati biblici, è anche frutto di ragionamenti influenzati dai concetti filosofici del tempo. Cfr C. Gniecki, La visione dell'uomo, 210.

gli uomini, e per l'uomo è un mezzo per vivere nel mondo e gli offre la possibilità di avviare una reciproca relazione e una comunione con gli altri uomini, con il suo Creatore e con tutto il creato.

La valutazione positiva della dimensione materiale dell'uomo, cioè del corpo, è connessa alla positiva visione della realtà terrestre e del mondo. Negli scritti del Poverello, a differenza di quanto avveniva al suo tempo, non si scorge un disprezzo o una condanna di ciò che è materiale, del mondo e della natura, non c'è, pertanto, una contrapposizione dualistica tra materia e spirito, oppure tra il mondo materiale e quello spirituale: il Poverello afferma la positività di tutte le cose[150].

In base agli scritti, non si può parlare di dualismo nella figura del Poverello, almeno di quello ontologico, bensì di una positiva dualità. Troviamo in essi, invece, una forte opposizione tra la carne, cioè lo spirito della carne, e lo Spirito del Signore. Ma questa opposizione, come si è cercato di evidenziare, viene intesa da Francesco in senso paolino, il Poverello, cioè, segue la dottrina di Paolo per quanto concerne la carne e lo spirito, in altri termini, segue l'opposizione tra la vita "secondo la carne" e quella "secondo lo Spirito".

In ultima analisi, per Francesco questa opposizione tra lo spirito della carne e lo Spirito del Signore, altro non è che un'opposizione tra la debolezza umana e la forza dello Spirito presente e operante nell'uomo.

Anche l'interpretazione del peccato, basata sulla Genesi, segue l'insegnamento dell'Apostolo delle Genti che vede persistere nell'uomo una potenza negativa opposta allo Spirito e agente nel cristiano. La visione dei tre nemici dell'uomo evoca quella paolina e le tre concupiscenze giovannee[151].

D'ispirazione evangelica è pure l'insegnamento di Francesco sull'ascesi e sulla moderazione nella pratica di asce-

---

150   Cfr T. Matura, Francesco, 107-109.

151   Cfr T. Matura, Francesco parla di Dio. Studi sui temi degli scritti di san Francesco, Biblioteca Francescana, Milano 1992, 25-32.

si che rispecchia l'esempio di moderazione offerto da Gesù stesso.

In conclusione, più che parlare di un'influenza dell'epoca sulla visione dell'uomo in Francesco, bisogna sottolineare la sua profonda matrice biblica. Tutto l'insegnamento del Santo, contenuto nei suoi scritti, è fondato sulla sua meditazione e sulla personale interpretazione della Sacra Scrittura[152]; pertanto, anche la sua visione dell'uomo deve essere collocata in questa linea interpretativa.

Non ci si può rendere conto esattamente, delle conoscenze antropologiche che Francesco poteva aver acquisito negli ambienti culturali dell'epoca e da quelli da lui frequentati; possiamo, però, affermare che il Santo, conoscendo per mezzo della predicazione e della liturgia, e forse di qualche lettura personale, l'insegnamento della Chiesa e, cioè, la teologia del tempo, doveva essersi almeno fatto un'idea chiara circa la visione dell'uomo e del mondo allora comune.

Come abbiamo visto, nella visione dell'uomo in Francesco, ritroviamo alcuni aspetti comuni alla concezione che sullo stesso argomento presentava la sua epoca, vi riscontriamo anche alcuni elementi nuovi, propri, cioè, della visione dell'Assisiate.

Riteniamo che le differenze, riscontrate tra la visione di Francesco e quella dell'epoca in cui visse, siano dovute più alla sua diretta e profonda ispirazione evangelica, che all'influsso di autori contemporanei o della tradizione cristiana.

---

152 Cfr W. Viviani, L'ermeneutica di Francesco d'assisi, 65-99. L'autore ha dimostrato che se attraverso la predicazione e la liturgia, Francesco si è trovato certamente in relazione con le varie interpretazioni della Scrittura del suo tempo, non ne ha accettato, però, i principi esegetici della predicazione, né lo spirito dell'esegesi dei sermoni dell'ufficio divino. Aveva un suo personale modo d'interpretare la Bibbia. Una delle caratteristiche di tale interpretazione della Scrittura consiste nello spiegare la Bibbia per mezzo della Bibbia e comprenderla alla luce di Cristo. Secondo il suddetto autore, questo modo d'interpretazione poteva essere ereditato, da Francesco, dalla tradizione esegetica patristica e soprattutto da S. Agostino.

2.8 Il creato come segno dell'invisibile e l'etica del distacco dal mondo

Per il poverello d'Assisi, l'universo si presenta come orientato a Dio. L'uomo con la creazione è chiamato a glorificare e lodare Dio. La perfetta glorificazione di Dio consiste nella partecipazione dell'uomo e della creazione alla santità, onnipotenza, maestà, giustizia e dignità di Dio. L'uomo, è chiamato a vivere insieme con Dio Uno e trino nel suo Regno: in questo consiste la salvezza per l'uomo e per la creazione. La trascendente visione del compimento della storia dell'uomo e della creazione trova la sua definitiva attuazione nell'universale comunione dell'amore con Dio.

Nel pensiero del Poverello, la tensione verso il compimento nella comunione con Dio è un'altra caratteristica dell'uomo, che è all'altezza della sua vocazione creaturale e del suo orientamento verso Dio:

«Nient'altro dunque dobbiamo desiderare, nient'altro volere, nient'altro ci piaccia e diletti, se non il nostro Creatore … E ovunque noi tutti, in ogni luogo, in ogni ora e in ogni tempo, ogni giorno e ininterrottamente crediamo veracemente e umilmente e teniamo nel cuore e amiamo, onoriamo, adoriamo, serviamo, lodiamo e benediciamo, glorifichiamo ed esaltiamo, magnifichiamo e rendiamo grazie all'altissimo e sommo eterno Dio, Trinità e Unità, Padre e Figlio e Spirito Santo, Creatore di tutte le cose» (Rnb XXIII, 9-11).

L'attesa escatologica diventa, per così dire, una seconda natura dell'uomo. Egli vive già l'amorosa lode di Dio, che è perfetta nella comunione definitiva con il Dio Trino[153]. Quindi, il Poverello d'Assisi non vede soltanto l'uomo caratterizzato in modo ontologico-teologico partendo dalla creazione, questa caratterizzazione e descrizione creaturale dell'uomo

---

153   Cfr L. Iammarone, Ernst Bloch e san Francesco: due escatologie a confronto, in «MF», 82 (1982), 600-630.

è completata e ampliata dal suo orientamento e destino escatologico[154].

Quanto è stato descritto in questo capitolo, secondo gli studi
che abbiamo fatto, ci rivela con chiarezza come, per il Poverello d'Assisi, ogni cosa che fa parte ed è partecipe della
creazione, cioè tutte le creature e specialmente l'uomo, siano
una meraviglia, perché rappresentano un'opera stupenda
dell'amore del Creatore: Cantico delle Creature.

Ho cercato sempre di evidenziare la figura dell'uomo nel
pensiero del Poverello d'Assisi, perché attraverso un pensiero antropologico medioevale che il Poverello ha, si può comprendere tutto il vissuto e il pensiero del Poverello stesso.

Da una attenta lettura alle fonti biografiche, inserite in un
contesto storico medioevale, mi sembra cogliere che tutto è
stato creato per la volontà di Dio e tutto ciò che esiste ha in
lui la sua origine. Tutti gli esseri spirituali e corporali sono
stati creati dal Sommo Bene e fra questi l'uomo. Quest'ultimo, oltre ad essere creato dalla bontà divina, porta in sé
l'immagine e la somiglianza del suo Creatore; da questa sua
particolarità deriva la superiorità rispetto alle altre creature,
il suo posto eccezionale tra esse.

Attraverso una lettura attenta del cantico delle Creature, ho
cercato di mettere in risalto: la gioia di vivere «in una prospettiva etica» come ringraziamento della creatura al suo
Creatore, e la serenità del morire «sempre in una prospettiva etica» come una lode di ringraziamento di restituzione al
Creatore.

Negli scritti di Francesco, la dignità e la grandezza dell'uomo non sono collegate soltanto all'aspetto spirituale, ma
anche a quello materiale, corporeo, cioè a tutto l'uomo, in
quanto una totalità corporeo - spirituale. Pur accentuando la
dimensione spirituale dell'uomo, non c'è nel Poverello una
visione pessimistica del corpo. Negli scritti non vengono mai
contrapposte le due componenti dell'uomo: materia e spirito, corpo e anima.

---

154   Cfr J.B. Freyer, Homo Viator, 182-183.

Il corpo e la corporeità non sono avvertiti da Francesco come un ostacolo, un qualcosa di negativo da cui liberarsi per camminare verso il Signore e giungere alla comunione con lui. La corporeità, anzi, rappresenta per l'uomo un modo di essere nel mondo, di mettersi in relazione con le creature e con tutte le opere dell'Altissimo, e si rivela prezioso strumento nella relazione con il Signore presente nel mondo.

Concludendo sono convinto che è inesatto pensare il Poverello, come un solitario della Chiesa medioevale, ma un profeta del nostro futuro, alla luce di come ha vissuto la sua vita, come uomo e come religioso, in perfetta armonia con le creature e il Creatore.

CAPITOLO III

La proposta etica per accogliere la vita e accettare la morte nella prospettiva di san Francesco d'Assisi

3.1 Francesco d'Assisi, uomo del futuro

In questo terzo ed ultimo capitolo, si porrà l'attenzione sull'uomo contemporaneo, in quanto soggetto ad accogliere la vita e accettare la morte in una prospettiva etica, come dono della redenzione di Dio e della sua grazia: secondo il pensiero del Poverello d'Assisi.

La nostra cultura occidentale tende a liberare la morte dal mito e dal mistero, demitizzandola, desacralizzandola, tutto deve essere benessere; escludendo totalmente la sofferenza e di conseguenza la morte. Il simbolismo che rappresentava la morte come una persona, sta scomparendo dalla cultura dall'arte.

Per noi uomini del nostro tempo, secolarizzato, non è più possibile trasferirci, anche soltanto mentalmente, nella vita semplice e religiosa del medioevo. Chi rilegge i cronisti del tredicesimo secolo, si domanderà: è possibile in un'epoca cosi retrograda dove tutto era sacrale ossia votato a Dio o al diavolo, c'era tanto amore per la vita il rispetto per la morte?

L'uomo contemporaneo, ha perso la consapevolezza di tutto quello che accade attorno a lui, si è persa la gioia di vivere e la morte è ritenuta un tabù[155].

---

155   Cfr C. Gniecki, *La visione dell'uomo*, 169.

Quello che cercherò di sottolineare più da vicino è la concezione della morte nella visione della vita che ne fa da sfondo. In questo problematico lavoro mi aiuterà la figura del Poverello d'Assisi la quale ci dimostrerà come oggi è possibile. Sono certo che Francesco ha avuto una sua visione del mondo, una sua interpretazione della vita, il suo modo di viverla, la sua capacità di creare solidarietà umana e, il suo modo di dimostrare e vivere in pienezza la sua relazione con Dio. Mi sembrano aspetti etici validi per l'uomo di oggi, al quale, manca il senso della vita e spasima l'amarezza di non sapere a che cosa appoggiarsi, e vive la morte come un incidente di percorso, e non la fine di un ciclo vitale da vivere in perfetta armonia di come si è vissuta la vita.

Abbiamo tenuto presente in questa sezione, in che modo unire la vita fino alla morte, attraverso un percorso storico, culturale e religioso, seguendo sempre per grandi linee l'insegnamento del Poverello d'Assisi[156].

Infine abbiamo cercato di fare un confronto con le domande che la bioetica cristiana oggi ci offre, seguendo questo criterio:

- Il Poverello d'Assisi uomo contemporaneo, cercando di spiegare il perché la figura di un Santo del XII secolo possa essere di attualità;

- La vita come inno di lode secondo il pensiero del Poverello d'Assisi;

- La concezione cristiana della sofferenza, aspetti etici-religiosi e filosofici della prima scuola francescana vita come inno di lode secondo il pensiero del Poverello d'Assisi;

- Perché la cultura occidentale contemporanea, ha liberato la morte dal mistero che essa racchiude e, perché

---

156   Cfr J.B. Freyer, Homo Viator, 236-237.

il Poverello d'Assisi la chiama sorella;

- Il senso della morte e del morire in una visione escatologica;

- La felicità come dono secondo un'etica francescana, fatta di rinunce e di annullamento di sé;

- In che modo è vista la sofferenza nell'epoca moderna, tenendo in considerazione tutte le pratiche dell'etica clinica;

- Infine cercheremo di dare delle conclusioni critiche, su ciò che rappresenta l'etica della vita e della morte per l'uomo del XXI Secolo[157];

- E ringraziamo Dio per tutto quello che ha operato per l'uomo, il Poverello d'Assisi incluso.

3.2 Il Poverello d'Assisi, esempio e testimonianza di vita cristiana, un uomo del nostro tempo

Come raccontare il Poverello d'Assisi uomo contemporaneo? La domanda è tanto interessante quanto difficile. Essa potrebbe essere estesa a qualsiasi uomo o donna del passato: uomo o donna che hanno avuto la loro peculiare esistenza. Pertanto, dovremmo iniziare da „frate Francesco", piuttosto che da "San Francesco", dall'uomo che ha vissuto prima di

---

157   La morte nell' arte religiosa del tardo medioevo, veniva raffigurata come una danza macabra, con varie figure e simboli orrendi che opprimono il moribondo. Nel complesso di questa atmosfera si riscontra la paura del giudizio eterno, in cui nell'ultima sua ora il moribondo dubita dell'esistenza di un Dio pieno di misericordia per lui. Oggi tutto è cambiato. Nella nostra cultura la morte non è più una danza macabra, tutte le figure sono state ridotte a concetti. La morte in sé è un concetto negativo, è ciò che non esiste, è svuotata da ogni intrinseco valore. Peggio ancora: la morte in sé è un'assurdità.

essere proclamato santo.

„Frate Francesco" è la traduzione consueta del latino frater Franciscus; ma, in latino frater vuol dire, prima di tutto, fratello, mentre frate rinvia una appartenenza: nel suo caso l'appartenenza alla fraternità dei Frati Minori.

Il Poverello d'Assisi dunque, è colui che sceglie di essere fratello degli altri uomini, di essere frate insieme a quanti decidono di condividere la sua proposta di vivere secondo il vangelo, e di testimoniare la buona novella che Gesù ci ordina, in tutta la sua radicalità.   Insomma il Poverello d'Assisi è un uomo in pienezza la sua condizione umana, ed è un uomo che ha scelto di seguire le orme del Figlio. Il Poverello è pertanto, colui che ha risposto alla vocazione cristiana, piegandosi alla Grazia Divina. È colui che ha capito e accettato in modo totale il senso dell'incarnazione e della via della salvezza. Ha capito e accolto, che la Grazia divina non lo voleva isolato e solo, ma gli offriva invece dei "fratelli/frati" per condividere il difficile cammino della vita nella fede. Per Francesco capire ed accettare il senso dell'Incarnazione, significa capire e accettare il senso dell'uomo e della vita nel mondo creato, infatti la creazione e l'Incarnazione nel pensiero del Poverello d'Assisi non solo si susseguono, ma sono strettamente collegate tra loro, come emerge da questo testo che rivela tale connessione: Rnb XXIII:

«Onnipotente, santissimo, altissimo e sommo Dio, Padre santo (Gv 7, 11) e giusto, Signore Re del cielo e della terra (Cfr. Mt 11, 25), per te stesso ti rendiamo grazie, perché per la tua santa volontà e per l'unico tuo Figlio con lo Spirito Santo hai creato tutte le cose spirituali e corporali, e noi fatti a tua immagine e somiglianza hai posto in Paradiso (Cfr. Gn 1, 26 e 2, 15) [...] E ti rendiamo grazie, perché come tu ci hai creato per mezzo del tuo Figlio, così per il santo tuo amore, col quale ci hai amato (Cfr. Gv 17, 26), hai fatto nascere lo stesso vero Dio e vero uomo dalla gloriosa sempre vergine beatissima santa Maria, e, per la croce, il sangue e la morte di Lui ci hai voluti redimere dalla schiavitù» (vv. 1 e 3).

Il senso della vita dell'uomo si svela anche, e soprattutto, là dove gli individui si trovano nella condizione più misera: l'Incarnazione divina significa la vicinanza del Dio che si è fatto uomo nella povertà e nel sacrificio di sé. In una delle ammonizioni del Poverello si legge: «Considera, o uomo, in quanta eccellenza il Signore Dio ha posto te, dal momento che ti ha creato e formato secondo il corpo a immagine del Figlio suo diletto e secondo lo spirito a sua somiglianza» (Am V).

Queste parole esaltano l'uomo, lo richiamano alle sue responsabilità, proprio in quanto «figlio» di Dio, che tutto deve al Padre e che di altro non può gloriarsi se non delle proprie «infermità», sostenendo ogni giorno la Croce del Signore Nostro Gesù Cristo. Nella consapevolezza dei propri limiti e nel sostenere la Croce vi è l'abbandono alla volontà del Padre, e, in tutto ciò non c'è tristezza né cupezza, bensì la «vera letizia e vera virtù e salvezza dell'anima».

Lo sforzo di tradurre nella realtà queste convinzioni conduce il Poverello d'Assisi a essere considerato Santo, cioè ad essere esempio e testimonianza di vita sia umana che cristiana, prima che venisse la sanzione in un atto istituzionale, cioè la canonizzazione canonica.

Come si sarà capito, esempio e testimonianza non sono riducibili a mera narrazione, e a racconto favolistico ed edificante, comportano invece il confronto serrato e costruttivo con sé stessi e con gli altri.

L'esperienza umana e religiosa di frate/santo Francesco è soltanto nell'apparenza lontana e finita. Con queste credenziali il Poverello d'Assisi diventa un profeta del futuro, la movenza di quest'uomo ci fa riscoprire un'etica della vita da primo concepimento fino al suo termine, in un'ottica cristiana naturalmente.

Nel nostro contesto attuale, il più delle volte ci si vuole organizzare la vita secondo le proprie necessità in un'ottica ontologica, e addirittura, ci si illude di poter considerare la morte in sé stessa, a prescindere da una speranza nell'aldilà, come qualcosa di indifferente o addirittura, in certi casi, di liberante. Si vorrebbe vederla come la conclusione naturale di una vita che emerge dal nulla e nel nulla ricade, oppure nel caso di un'esistenza diventata insopportabile per la sofferenza, come la fine di ogni dolore, l'estremo rimedio a un processo irreversibile di disfacimento della vita.

In realtà la morte è la perdita di quel bene inestimabile che è il fondamento di ogni altro bene, cioè della vita, a cui siamo così naturalmente e giustamente attaccati, che la sua conservazione è l'istinto premiante, più potente e immediato che sentiamo in noi.

Tutto ciò che minaccia la vita suscita il terrore più spontaneo, la reazione più violenta e disperata[158].

Se, nei casi di sofferenza insopportabile, si può pensare alla morte come una liberazione, ciò può apparire vero sul piano psicologico, ma non è vero sul piano della realtà. Perché il fatto del dolore, di qualsiasi genere, non è altro che la reazione del vivente contro tutto ciò che attenta alla sua integrità, ossia contro tutto ciò che in qualche modo lo spinge verso la morte, per cui, la morte può considerarsi come la somma di tutti i dolori, o come il dolore giunto al parossismo, il dolore che esplode ed esaurisce tutte le possibilità.

La vita, al contrario, è il bene fondamentale, il fondamento di ogni altro bene. Sulla vita è fondata ogni gioia, la gioia degli occhi e la gioia del cuore, la gioia di sentire, la gioia di conoscere, la gioia di amare, la gioia del lavoro e la gioia del riposo, la gioia del dovere e la gioia del gioco, la gioia della famiglia e la gioia dell'amicizia. La morte è la fine di ogni gioia, la privazione di tutto ciò che abbiamo assaporato e faticosamente conquistato.

---

158   Cfr P. Maranesi, La morte di un uomo cristiano. Gli ultimi attimi di vita di Francesco di Assisi, 582-599. Il Poverello d'Assisi, ama la vita in tutti gli esseri viventi, e la morte una cosa così ineluttabile e tragica realtà, sorella. Per capire bene come Francesco possa parlare cosi, e bene vedere prima quale abisso spaventoso e di per sé la morte.

Non ci sono lacrime, non ci sono sofferenze, non ci sono separazioni, non ci sono privazioni paragonabili alla morte che tutte le riassume e porta a compimento.

Come può dunque il Poverello d'Assisi, amante della vita, della natura, dell'amore, della gioia chiamare la morte sorella?

Lo può perché è un uomo cristiano, fino in fondo un uomo di fede[159]. Ecco perché la figura di un uomo/santo del XII secolo può ancora essere di riferimento al presente.

Il Poverello d'Assisi vive naturalmente con la speranza della salvezza che vince la morte. Sa bene che senza la speranza cristiana ogni attesa si risolve nel vuoto: «Credete di possedere a lungo la vanità di questo mondo, ma vi ingannate, perché verrà il giorno e l'ora che non pensate, non conoscete ed ignorate» (2 Lf).

Nessun uomo della storia umana, ha vissuto la vita, e, in modo originale la morte, con queste dinamiche di rapporto cosi intimo. Bisogna avere una fede incrollabile per ringraziare Dio della morte che strugge il corpo, mentre l'anima inizia il viaggio dell'eternità.

3.3 La vita come lode secondo il pensiero del Poverello D'Assisi

L'uomo cerca instancabilmente la felicità. Anela alla pienezza, alla vita totale, alla beatitudine. Ma le aspirazioni più profonde si realizzano difficilmente, sia per mancanza di magnanimità, sia perché cerca dove non si possono trovare, o non tiene conto delle condizioni richieste.

Un animo tanto sensibile e vitale come Sant'Agostino

---

159   Cfr Ivi. Per il cristiano la morte, come almeno lo sperimentiamo noi, è la conseguenza della ribellione dell'uomo a Dio. Con la disobbedienza ci si proclama padroni assoluti della vita, con la morte tocchiamo invece con mano la precarietà della nostra esistenza di creature che possono avere la vita solo come dono dell'amore Creante di Dio.

esprimeva questo anelito con la frase immortale: «Ci hai fatti per te, Signore, e il nostro cuore è inquieto finché non riposa in te»[160].

Eppure non tutti gli uomini sono dei cavalieri dell'Assoluto, né tutti sanno pazientare la grande attesa.

L'uomo è una sintesi sproporzionata di finitudine e di infinità, secondo la suggestiva immagine del filosofo francese cristiano Ricoeur e questa sintesi sproporzionata, fa spesso che egli sia smisurato, esagerato, sproporzionato ed eccessivo nelle sue manifestazioni ed espressive più vitali e fondamentali. L'uomo è indecifrabile, in quanto è impastato di ambiguità spesso sconcertanti. Egli cerca con passione la felicità e porta avanti una vita tesa e vertiginosa, vuol trovare se stesso e vive in intima dispersione, anela alla pace e vive una guerra quotidiana, anela alla pianezza e si contenta di felicità istantanee e apparenti.

Nella società attuale, si è soppiantata la felicità con il piacere elevato a valore supremo e, fatto scopo e meta dell'uomo nella sua quotidianità.

La felicità o l'infelicità della vita, dipendono molto dalla visione che si ha della vita stessa e dalla gioia di vivere di ciascuno. Non sono tanto le nostre idee a farci essere ottimisti o pessimisti, ma dipende pure dall'esperienza della fede che anima l'uomo.

La fede e la grazia, danno vita al sentimento, la quale sia tragico che ludico, può venir trasformato a partire da una nuova esperienza, illuminata da una specifica visione della vita e del mondo.

Se il sentimento condiziona la ragione, anche la ragione può orientare e addomesticare il sentimento, essendo ogni sentimento umano informato dal pensiero e il pensiero animato dal sentimento, com'è vero che nell'uomo non si danno attività isolate ma correlate.

La cultura contemporanea, si caratterizza per una volontà di pessimismo che si manifesta nell'angoscia, la quale è ent-

---

160 Cfr Agostino, Confess., I,1: CSEL 33, 1.

rata nel cuore dell'esistenza umana come una virtù catartica, attraverso la quale, l'uomo si libera della sua inautenticità per porre la sua vita in massima tensione. L'uomo ha dentro di sé un mondo raggiante o un mondo tenebroso, quello tenebroso produce l'angoscia; quello raggiante produce la gioia.

La gioia, l'illuminazione e l'ottimismo sono continuamente minacciati dai pregiudizi religiosi, etici, metafisici e antropologici. A partire dalle culture arcaiche, fino alle civiltà più sofisticate, il tema del dolorismo, del pessimismo e della tristezza non ha mai mancato di ripetersi, l'uomo sembra molto affezionato alla parte tragica dell'esistenza.

Spesso, nel cristianesimo, i dogmi della creazione e della redenzione sono stati posti in un certo contrasto tra loro, senza trovare una congiunzione e sincronia adeguata. Il cristiano, quando contempla l'universo a partire dal dogma della creazione, vede tutto buono e si riempie di benevolenza verso ogni cosa. Quando invece contempla l'universo dall'ottica del peccato, cambia sentimenti e atteggiamento davanti alla vita, quello che prima gli appare come grazia e bontà ora si trasforma, se non in sventura, in occasione pericolosa. Il Medioevo, che ebbe un gran senso di Dio, visse allo stesso tempo un senso vivo del peccato. Il Poverello d'Assisi, pur partecipando alla risacca di tale spiritualità di disprezzo del mondo, apporta una visione nuova e più ottimista e gioiosa della religione, della vita e del mondo, e in questo modo, contribuisce ad un ringiovanimento del cristianesimo. Il poverello d'Assisi è il Santo della gioia, che innalza un nuovo canto all'esistenza come testimone eccezionale del Dio festoso e della sua grazia liberatrice. Il Santo non è un ingenuo davanti alla negatività dell'uomo, né un romantico superficiale davanti allo spettacolo del mondo, o un uomo duro con se stesso e asceta implacabile. Le biografie evidenziano continuamente il dono della gioia[161], una gioia contagiosa e tras-

---

161   Cfr 2Cel (FF 804) Leggendo la biografia del Santo possiamo rilevare due aspetti fondamentali, un uomo duro con sé stesso e asceta implacabile, pratica

formante pagata a caro prezzo, è spogliamento di ogni egoismo, rinuncia all'istinto di possedere, dominare, apparire, essere importante, liberazione da ogni narcisismo per potersi rispecchiare nella verità di quel Tu che è Amore. Con queste direttive il Poverello ha dato alla vita, una nuova modalità di essere, di vedere, interpretare e lodare, in quanto è stato un cristiano geniale e singolare, se si vuole avere una prova chiara della sua gioia di come ha vissuto la vita e si è organizzata la morte, basta leggere le sue biografie e i suoi scritti, attraverso i quali possiamo scoprire l'intimità del Poverello con le sue preoccupazioni personali e religiose. L'atteggiamento del Poverello d'Assisi davanti alla vita e al mondo crea un movimento globale di un comportamento gioioso, il Santo, con il suo canto e con la sua vita, integrata e redenta, anticipa e produce un mondo nuovo. Si pone come precursore di una nuova cultura, festosa e ludica. Ma è un precursore che non va verso il futuro ma viene da esso, com'è vero che nella stessa attualizzazione del suo messaggio è presente e futuro. La gioia francescana si fonda e fa leva sulla metafisica dell'amore e su un'antropologia di relazione. Il Dio Amore è garanzia di una vita che si fonde su una promessa che non delude e ha allo stesso tempo una dimensione sociale e vincolante. È costruttiva e creatrice. La gioia sa sdrammatizzare e da sapore alla vita, conosce la saggia ironia, essendo consapevole della grande limitatezza dell'uomo, gioca con la comicità per esorcizzare la falsità, sa sorridere davanti a ciò che sa di eccessivo, perché ha chiara la consapevolezza che solo Dio è perfetto. Prestando un taglio peculiare e costruttivo nei rapporti interpersonali, spesso carichi di tensione e di nervosismi, supera le convenzionalità della vita quotidiana, ed è in grado di creare una nuova modalità di esistenza, più umana e più umanizzante.

Il dono della redenzione non agisce meccanicamente, l'uomo

---

l'ascesi non in termini di rinuncia pura e semplice, ma come condizione indispensabile e disponibilità al fine di ricevere la grazia e arrivare a unirsi con ciò che non è l'io.

si deve aprire al dono, deve volerlo ricevere e unirsi a Cristo, così da essere totalmente preso dalla "discesa" amorosa di Dio.

In questo paragrafo si spiegherà come, secondo il Poverello d'Assisi, l'uomo peccatore possa vivere una vita cristiana, in unione con il suo Signore e nell'amore di Dio. Si parlerà della necessità e finalità della rinuncia, e in concreto della mortificazione e del rinnegamento di sé. Il Poverello è fortemente convinto che Dio Creatore non abbia abbandonato l'uomo, né lo abbia lasciato nella situazione di egoismo ma, per lo stesso amore con cui lo aveva creato, ha mandato il suo Figlio per salvarlo e per riscattarlo dalla schiavitù del peccato. Di fronte a questo amore di Dio, l'uomo deve rispondere con il suo amore, con la risposta concreta di una vita di piena adesione a lui.

«Tutti coloro che amano il Signore con tutto il cuore, tutta l'anima e la mente, con tutta la forza e amano i loro prossimi come se stessi, e hanno in odio i loro corpi con i loro vizi e peccati, e ricevono il corpo e il sangue del Signore nostro Gesù Cristo, e fanno frutti degni di penitenza. Oh, come sono beati e benedetti quelli e quelle, quando fanno tali cose e perseverano in esse; perché riposerà su di essi lo Spirito del Signore, e farà presso di loro la sua abitazione e dimora; e sono figli del Padre celeste del quale compiono le opere, e sono sposi, fratelli e madri del Signore nostro Gesù Cristo» (1Lf 1, 1-7).

Il cammino sia spirituale che sociale dell'uomo consiste fondamentalmente nell'annientamento di tutto ciò che è egoismo: nel rinnegamento di sé stessi, della propria volontà e dell'amor proprio.

Lo spirito della carne e lo Spirito del Signore sono due forze contrarie e irriducibili, per cui la sopravvivenza dell'una è condizionata dalla morte dell'altra. Tra esse c'è una lotta a tutti i livelli perché vivere secondo la carne equivale a lasciarsi strappare l'amore del Signore Gesù Cristo[162].

---

162   Cfr L. Izzo, La semplicità evangelica nella spiritualità di S. Francesco

L'uomo deve portare avanti una battaglia contro le forze che lo spingono al peccato e non gli permettono di aprirsi alla Grazia e di condurre una vita in unione al Signore.

Negli scritti del Poverello d'Assisi, troviamo alcune parole che indicano, oltre alla necessità di mortificare il proprio io, anche la modalità e i mezzi di questa rinuncia. Di questi ultimi ne saranno esaminati alcuni che sono espressi in modo più esplicito[163].

Il primo rimedio è l'"obbedienza", alla quale si unisce la carità[164]. L'obbedienza dello spirito indica lo stato soprannaturale dell'uomo in virtù della presenza dello Spirito, grazie a cui l'uomo è capace di scegliere il bene soprannaturale[165]. La virtù dell'obbedienza soffoca le voglie carnali e corporali, smascherando quanto non si conformi alla volontà di Dio. Per poter essere docili allo Spirito occorre la mortificazione dell'io egoistico e della propria volontà, che per sua natura non vorrebbe essere soggetta ad alcuno. Chi, però, possiede la virtù dell'obbedienza è capace di mortificare sé stesso per obbedire allo Spirito e agli altri uomini, e non solo agli uomini, ma anche a tutte le creature che faranno di lui solo quanto verrà loro permesso dal Signore. E così, per mezzo di questa obbedienza, si rivela la volontà di Dio sull'uomo[166].

Tra le prove provenienti direttamente da Dio egli enumera le „sofferenze" e le „malattie". Queste sono mezzi di educazione che Dio accorda a chi ama. Un testo interessante è tratto dalla Regola non bollata X:

«E prego il frate infermo di rendere grazie di tutto al Crea-

---

d´Assisi, Laurentianum, Roma 1971, 65.

163   Oltre a quelli considerati nel nostro lavoro, come mezzi di ascesi si può considerare anche: il lavoro e l´elemosina (cfr. Rnb VII, 1-12; Rb V); il silenzio (cfr. Rb XI, 2); la vita quotidiana (LMin 2-3); e altre astinenze e penitenze (cfr. Am XIV, 2).

164   Cfr SalVirt 14-18.

165   Cfr R. Bartolini, Lo Spirito del Signore, 233.

166   Cfr C. Gniecki, La visione dell'uomo, 179-180.

tore; e che quale lo vuole il Signore, tale desideri di essere, sano o malato, poiché tutti coloro che Dio ha preordinato alla vita eterna, li educa con i richiami stimolanti dei flagelli e delle infermità e con lo spirito di compunzione, così come dice il Signore: „Io quelli che amo, li correggo e li castigo (v. 3).

La mortificazione e il rinnegamento consistono nell'accettare con gratitudine i flagelli, le malattie per mezzo dei quali Dio stesso conduce i suoi figli alla vita eterna. Le malattie e le sofferenze sono un "primo mezzo", di natura fisico-psichico; "secondo mezzo" è lo „spirito di compunzione", cioè le sofferenze interiori con cui lo Spirito santo risuscita, nel cuore del peccatore, la grazia di Dio; tutto questo va accettato con spirito di penitenza, come volontà di Dio e come segno del Suo amore[167].

Il „digiuno" è un segno e un'espressione di mortificazione, di conversione interna, della vittoria sul proprio io, di una vita nuova e dell'imitazione di Cristo[168]. Si tratta della mortificazione, dell'ascesi esterna necessaria per quella interna dell'uomo e per tutta la vita penitenziale.

Anche la „povertà", sulla quale Francesco insiste molto, s'inserisce non solo nel quadro della rinuncia a possedere le cose materiali, ma anche nella rinuncia a se stessi per aderire solo a Dio e collaborare con la sua grazia[169].Riassumendo si può concludere che, per una vera vita cristiana, aperta alla grazia e alla volontà divina, sono necessarie rinuncia, mortificazione e rinnegamento di se stessi.

All'uomo vengono in aiuto modalità e mezzi che mortificano le inclinazioni dell'uomo carnale:

---

167   Cfr R. Bartolini, Lo Spirito del Signore, 225; secondo l'autore, il significato dell'espressione latina compunctionis spiritu va ricercata nella luce della tradizione patristica e della dottrina comune al periodo anteriore a Francesco.

168   Cfr V. Van der Luur, Regola e vita dei Frati Minori, Porziuncola, Assisi 1960, 192.

169   Cfr C. Gniecki, La visione dell'uomo, 182.

- L'obbedienza, che smaschera e mortifica l'amor proprio e la volontà;

- L'accettazione delle sofferenze fisiche e spirituali come volontà di Dio, che libera dalle suggestioni del maligno e aiuta a compiere il volere divino;

- Il digiuno, l'astinenza e la mortificazione di tutti gli altri sensi.

Si nota così che, come per la conversione, l'amore di Dio e tutta la vita dell'uomo in unione con il Signore comprendano l'unitotalità corporeo-spirituale dell'uomo, così anche la rinuncia coinvolge tutto l'uomo, il suo corpo e la sua anima[170]. La mortificazione non è una pratica spirituale fine a sé stessa, ma ha come finalità l'esigenza di redenzione dell'uomo considerato dopo il peccato originale. Tale redenzione non avviene che attraverso la crocifissione della carne, seguendo Gesù. Il Poverello vede la rinuncia e il rinnegamento di sé sempre in funzione della vita spirituale e, cioè, della sequela di nostro Signore. Lo Spirito del Signore vuole che l'uomo mortifichi sé stesso per rinnegare qualche cosa di sé, in quanto uomo terrestre, e per vivere in unione con la Trinità. È lo Spirito del Signore che opera nella persona umana ogni bene; la sua presenza nella creatura umana esige, però, la mortificazione in tutto ciò che non sia conforme alla sua ispirazione. L'uomo non può santificarsi, praticare cioè le virtù, se prima non muore a sé stesso.

La rinuncia è, quindi, un mezzo per tener soggetta la natura incline al male e acquistare, così, i più grandi valori dello spirito. L'obbedienza allo Spirito ed al proprio fratello è indispensabile per poter camminare secondo la volontà di Dio e vivere in unione con lui.

Bisogna mortificare l'amor proprio per poter accogliere con gioia le sofferenze e le malattie, accettandole come vo-

---

170   Cfr C. Gniecki, *La visione dell'uomo*, 183.

lontà di Dio e come segno del suo amore, e così seguire più da vicino il Signore Gesù Cristo, che per il bene dell'uomo è sceso dal trono regale e scende ogni giorno, umiliandosi e donandosi nell'eucaristia[171].

Detto questo, si rischierebbe di non essere intellettualmente onesti se non si facesse riferimento ad un elemento che per il Poverello è fondamentale per vivere bene la mortificazione e il rinnegamento di sé, cioè la „moderazione".

Il corpo ha un grande valore nella vita spirituale dell'uomo: esso non può, quindi, essere totalmente rinnegato e distrutto dalla mortificazione.

Per il Poverello d'Assisi, tutte le opere compiute dell'uomo, e quindi anche quelle di mortificazione e di rinnegamento, devono essere compiute con la convinzione che, davanti a Dio, si è sempre „servi inutili"[172]; solo per la misericordia di Dio e per la sua grazia è possibile seguire Gesù Cristo e fare la sua volontà[173].

La rinuncia non può essere limitata solo a un perfezionamento personale, altrimenti diventerebbe un ostacolo nella relazione fra l'uomo e l'amore misericordioso di Dio[174]. In tutto ciò, si deve accordare il primato all'ispirazione e alla grazia divina; tutto si deve compiere secondo l'ispirazione dello Spirito del Signore, cioè secondo la volontà di Dio

È importante evidenziare che, nella sua Regola Bollata, il Poverello d'Assisi non presenti alcuna prescrizione di pene[175], ma anzi prescrizione di moderazione[176].

La parola che negli scritti del Poverello esprime meglio

---

171   Cfr Ivi, 175-186.

172   Cfr Rnb XXIII, 7.

173   Cfr LOrd 50-52.

174   Cfr K. Esser, Temi Spirituali, Biblioteca Francescana, Milano 1982, 62.

175   Con questo atteggiamento, Francesco si stacca decisamente dalla tradizione monastica dove venivano riportati lunghi elenchi di delitti e relativi castighi (non solo le pene spirituali, ma anche corporali). Lo spirito di aspre penitenze era penetrato anche nell'Ordine dei domenicani; Cfr A. Quaglia, San Benedetto e San Francesco: due regole a confronto, Messaggero, Padova 1990, 174-177.

176   Cfr Rb II, 15; III, 9; Rnb IX, 16; X, 2

la moderazione è discretio. Con questo termine egli designa l'atteggiamento dell'uomo che agisce in ogni circostanza secondo l'ispirazione dello Spirito e, cioè, secondo la volontà di Dio. Quando viene a mancare questa discretio, l'uomo cerca sé stesso e l'amor proprio, invece che consegnarsi all'amore, che è Dio stesso. Nel linguaggio del Poverello, a „discrezione" si associa „misericordia"[177]; entrambe appartengono a quell'autentico amore che è amore dall'„amore di Dio"[178]. Considerando questa espressione negli scritti, appare chiaro che il significato del termine discretio è la docilità alla grazia divina. La „discrezione" è la ricerca del modo migliore per seguire Cristo[179].In una vita di ascesi e di mortificazione, bene indirizzata per la via del Signore, non può mancare questa virtù della moderazione, che è dono della grazia di Dio. Se manca, tutta questa vita risulta ben lontana dal perseguire il suo scopo principale: tenere il corpus nella sua potestà, possedere lo Spirito del Signore e fare la volontà di Dio.

Per cui il poverello, così si esprime nell'Ammonizione XIV: «Sono numerosi quelli che moltiplicano preghiere e pratiche devote, affliggendo il loro corpo con molte astinenze e penitenze; sennonché basta una sola parola che suoni offesa alla loro suscettibilità, oppure che un qualcosa venga loro tolto, ed eccoli subito offesi e in agitazione»

A costoro, anche se compiono molte astinenze e molte mortificazioni nei loro corpi, manca la moderazione; non agiscono, quindi, secondo la grazia di Dio e, perciò, nel centro delle loro opere hanno messo il proprio io. Nell'esercizio pratico della rinuncia l'uomo rischia di considerare gli esercizi di rinuncia e di mortificazione come un merito personale davanti a Dio. Così, la mortificazione non è più il servizio a Dio, ma il culto del proprio io e, invece di preparare ed avvicinare al momento dell'incontro e dell'unione con Dio,

---

177   Am XXVII, 6: «Dove è misericordia e discrezione, ivi non è superfluità né durezza».

178   Cfr K. Esser, Le Ammonizione di San Francesco, Cedis, Roma 1974, 366-368.

179   Cfr K. Esser, Temi Spirituali, 63.

diventa un ostacolo[180].

Si deve sempre tenere il giusto mezzo fra la rilassatezza e la severità esagerata; si deve cercare il giusto equilibrio tra il castigare il proprio corpus, per tenerlo nella sua potestà, e il provvedere alle necessità ed esigenze della vita, comprese quelle materiali[181]. È necessario lasciarsi guidare dallo Spirito del Signore ed agire secondo la grazia e l'ispirazione di Dio. L'elemento che unisce questi due misteri è lo stesso amore di Dio Padre verso l'uomo. Tra la creazione da una parte, e la nascita del Figlio e l'opera redentrice dall'altra, il Poverello d'Assisi vede una continuità. Tale linearità è espressa mediante le congiunzioni: sicut e sic[182]. Questo paragone esprime l'identità di causa tra la prima e la seconda azione del Padre e si afferma che il Padre agisce sempre per mezzo del Figlio (sicut per Filium) e per amore nostro (sic per sanctam dilectionem tuam, qua dilexisti nos)[183]. Dal testo risulta che, come per mezzo del suo Figlio diletto e per l'amore verso di noi il Padre ci ha creati, così per lo stesso Figlio e per il suo amore con il quale ci ha amati, ha operato anche l'Incarnazione e la redenzione[184].

L'amore del Padre si rivela nell'operare pro nobis:

---

180   Cfr Ivi, 51.

181   La mortificazione presentata da Francesco, che concerne non solo il corpo dell'uomo, ma tutta la sua persona, il suo proprio io e la volontà, e che è caratterizzata dalla moderazione, differisce da quella del suo tempo. Prima di lui e nel tempo di Francesco, lo sforzo ascetico è diretto soprattutto contro il corpo, visto come una forza del male. Viene, quindi, compiuto ogni sforzo possibile per umiliarlo e disprezzarlo con la mortificazione. Cfr A. Vauchez, La spiritualità dell'Occidente medievale. Secoli VIII-XII, Vita e Pensiero, Milano 2006, 68.

182   «Et gratias agimus tibi, quia, sicut per Filium tuum nos creasti, sic per sanctam dilectionem tuam, qua dilexisti nos (cfr. Gv 17, 26), ipsum verum Deum et verum hominem ex gloriosa semper Virgine beatissima sancta Maria nasci fecisti et per crucem et sanguinem et mortem ipsius nos captivos redimi voluisti» (Rnb XXIII, 3).

183   «Ci si aspettava che nel secondo termine di paragone Francesco dicesse Così per mezzo suo, in corrispondenza a Come per il Figlio tuo, ma Francesco scrive Così per il santo tuo amore. Vi è quindi un'identità di causa tra l'azione per mezzo del Figlio e l'azione per amore nostro» N. Nguyen-Van-Khanh, Gesù Cristo, 102.

184   Cfr C. Gniecki, La visione dell'uomo, 89.

- Per noi il Figlio è nato;
- Per noi il Figlio si offerto sull'altare della croce;
- Per noi il Figlio ha lasciato un esempio, affinché ne seguiamo le orme.

Sono il presepio e la croce le forme visibili dell'abbassamento di Dio, che per Francesco stanno al centro della redenzione. Soltanto la rinuncia dell'amore di Dio è fondamento e punto di partenza per la salvezza realizzata da Dio per l'uomo nella redenzione dal peccato, dalla colpa e quindi anche nella salvezza dalla perversione della creazione originaria; perversione dovuta, appunto, alla colpa dell'uomo. Il Poverello sviluppa la sua concezione fondamentale della redenzione soprattutto nella Seconda Lettera ai Fedeli:

«L'altissimo Padre celeste, per mezzo del santo suo angelo Gabriele, annunciò questo Verbo del Padre, così degno, così santo e glorioso, nel grembo della santa e gloriosa Vergine Maria, dal grembo di lei ricevette la vera carne della nostra umanità fragile [...]. E la volontà del Padre suo fu questa, che il suo Figlio benedetto e glorioso, che egli ci ha donato ed è nato per noi, offrisse se stesso, mediante il proprio sangue, come sacrificio e vittima sull'altare della croce, non per sé, poiché per mezzo di lui sono state create tutte le cose, ma in espiazione dei nostri peccati, lasciando a noi l'esempio perché ne seguiamo le orme. E vuole che tutti siamo salvi per mezzo di Lui e che lo riceviamo con cuore puro e con il nostro corpo casto» (2 Lf 1, 4-14).
Con queste riflessioni introduttive della sua Seconda Lettera ai fedeli, Francesco mette davanti agli occhi dei cristiani l'evento salvifico della redenzione, come presupposto alla conversione e come fondamento della nuova vita. Dio, il Padre, è l'unico che agisce. La redenzione, come abbiamo già rilevato, è dovuta solo alla volontà del Padre, che consegna il Figlio eterno per amore dell'uomo. La redenzione si realizza

nel sacrificio del Figlio sulla croce. L'abbassamento di Dio, che il Figlio, obbediente alla volontà del Padre, realizza fino alla conseguenza della croce, diviene per l'uomo redenzione e salvezza ed egli può essere salvato in forza della croce se si unisce all'annullamento di Dio, seguendo le orme di Gesù Cristo. La redenzione, data all'uomo da Dio in Gesù Cristo, riguarda anche il mondo. Come il peccato dell'uomo si ripercuote anche sul mondo, così la redenzione abbraccia non solo l'uomo, ma anche tutta la creazione. Come nella creazione, così ora il mondo e l'uomo insieme sono debitori dell'amore misericordioso di Dio.

Agli occhi del santo il dono della salvezza è immeritato; Dio agisce per pura generosità, che corrisponde alla grandezza dell'suo amoroso annullamento di sé: «il quale a tutti noi ha dato e dà tutto il corpo, tutta l'anima e tutta la vita; che ci ha creati, redenti e ci salverà per la sua sola misericordia; lui che ogni bene fece e fa a noi miserevoli e miseri, putridi e fetidi, ingrati e cattivi» (Rnb XXIII, 8).
C'è da dire inoltre che, come la creazione, anche la redenzione - quale nuova creazione - non è un atto statico, definitivamente concluso, bensì un'azione unica del sacrificio di Cristo sulla croce per la redenzione dell'uomo e del mondo che svolge nella storia il suo dinamismo salvifico[185]. La forza dinamica redentrice della croce non si esaurisce, per il santo, nel solo mistero dell'Incarnazione. Dal momento che il Figlio non abita più con gli uomini in forma d'uomo, resta sempre con loro nella forma sacramentale dell'eucaristia[186].

Un testo significativo è la Prima Ammonizione:

«Ecco ogni giorno egli si umilia, come quando dalla sede re-

---

185   Cfr J.B. Freyer, Homo Viator, 266-268.

186   Bisogna osservare che Francesco non usa mai nei suoi scritti la parola "eucaristia", preferendole l'espressione "il corpo e il sangue del Signore" (corpus et sanguis Domini...). Questa espressione (corpo e sangue di Cristo) era una formula usata dai teologi del tempo per indicare l'eucaristia nel suo complesso, la stessa celebrazione. Cfr. R. FALSINI, «Eucaristia», in *DF*, 611-639.

gale discese nel grembo della Vergine; ogni giorno egli stesso viene a noi in apparenza umile; ogni giorno discende dal seno del Padre sull'altare nelle mani del sacerdote. E come ai santi apostoli si mostrò nella vera carne, così anche ora si mostra a noi nel pane consacrato. E come essi con gli occhi del loro corpo vedevano soltanto la carne di lui, ma, contemplandolo con gli occhi dello spirito, credevano che egli era lo stesso Dio, così anche noi, vedendo pane e vino con gli occhi del corpo, dobbiamo vedere e credere fermamente che questo è il suo santissimo corpo e sangue vivo e vero. E in tale maniera il Signore è sempre presente con i suoi fedeli, come egli stesso dice: „Ecco, io sono con voi sino alla fine del mondo".

In questo testo si coglie in modo chiaro il proposito del Poverello di creare un parallelismo tra l'umiltà dell'Incarnazione di Gesù e quella della sua venuta nella consacrazione del pane e del vino. Anche nell'Eucaristia, come nell'Incarnazione, appare ugualmente un movimento di discesa che il Figlio di Dio compie, lasciando la sua gloria divina per rendersi presente fra gli uomini[187]. Come una volta Cristo è venuto dal seno del Padre in quello della Vergine Maria, così ora, con lo stesso movimento di discesa, si presenta ogni giorno sull'altare sotto un'umile apparenza. Vedendo l'eucaristia, il Poverello pensa al Figlio incarnato, nato dalla Vergine Maria[188]. Per lui, la presenza del Cristo nell'eucaristia è quella stessa attuata un tempo tra gli apostoli.

Il Figlio di Dio ha scelto il modo più umile e povero, cioè la realtà materiale, per dimorare per sempre in modo reale tra gli uomini. Cristo viene nell'eucaristia sotto un umile aspetto, perché vuole ricondurre l'uomo al Padre[189].
Gesù Cristo ha un ruolo specifico nella redenzione dell'uomo voluta da Dio. Come vero uomo e vero Dio egli è l'offerta sacrificale che liberamente si dona, è il mediatore della ricon-

---

187   Cfr C. Gniecki, La visione dell'uomo, 99.
188   Cfr N. Nguyen-Van-Khanh, Gesù Cristo, 220-222.
189   Cfr C. Gniecki, La visione dell'uomo, 99.

ciliazione fra Dio e l'uomo e allo stesso tempo cammino che riconduce l'uomo a Dio. Il fine della redenzione corrisponde all'originario progetto redentivo di Dio riguardo alla creazione e all'uomo: l'amorosa unione fra creatura e creatore[190]. La salvezza dell'uomo, per Francesco, consiste in una totale offerta di grazia da parte di Dio. È per la sua assoluta e libera volontà che l'Altissimo decide di salvare l'uomo che, altrimenti, sarebbe consegnato alle conseguenze del peccato e della colpa e, inoltre, si ritroverebbe per sempre separato da Dio e, quindi, perduto. Anche se tutta la Trinità divina ha preso parte alla salvezza dell'uomo, tuttavia l'azione propriamente redentiva spetta al Figlio. Come nella creazione e nella caratterizzazione dello stato originario nel quale l'uomo viveva prima del peccato, così anche nell'Incarnazione il Figlio detiene una posizione qualificata rispetto all'uomo[191].

Il Figlio si fa uomo e vive il suo annullamento per salvare l'uomo, si reca fin nell'abisso più lontano da Dio per liberare l'uomo nel luogo stesso in cui il peccato e la morte lo hanno spinto. Cristo libera gli uomini dal legame con il male e li riconcilia con il Padre, tracciando quella strada che l'uomo è chiamato a percorrere per raggiungere il fine della sua esistenza: la comunione con Dio. Per condurre la vita cristiana il santo esorta l'uomo a praticare un'ascesi: mortificare il suo corpo e rinnegare sé stesso.

Si può dire che l'annullamento nel Poverello presenta due aspetti: uno attivo, che ha per oggetto la mortificazione e la rinuncia volontaria; l'altro passivo, che consiste nell'accettazione delle sofferenze, fisiche e spirituali, che vengono permesse da Dio nella vita dell'uomo.

Tutta l'annullamento deve, però, essere caratterizzata dalla discretio, nel senso che ogni mortificazione ed ogni opera penitenziale devono essere compiute con moderazione e, cioè, secondo l'ispirazione divina.

Questo vuol dire che il protagonista principale dell'ascesi

---

190   Cfr J.B. Freyer, Homo Viator, 268.
191   Cfr J.B. Freyer, Homo Viator, 280.

è lo Spirito del Signore, che s'inserisce nell'intimo dell'uomo e suggerisce il suo comportamento.

Lo scopo ultimo della mortificazione e del rinnegamento della volontà e dell'io egoistico, consiste nel far posto allo Spirito del Signore, che opera nell'uomo santificandolo e facendolo vivere nell'intimità dell'amore della Santissima Trinità.

La benevolenza paterna, la redenzione del Figlio e il dono dello Spirito offrono all'uomo il perdono e il riscatto dalla sua condizione di miseria e innestano nel mondo la "nuova creazione".

3.4 La concezione cristiana della sofferenza: percorsi etico-filosofici e religiosi, della prima scuola francescana

Fin da quando è comparso sulla terra, l'uomo ha fatto l'esperienza del dolore.

In tutte le culture, da quella Mesopotamia a quella ebraica, da quella buddista a quella cristiana, è possibile trovare traccia degli interrogativi che la sofferenza ha suscitato e dei tentativi messi in atto per alleviarla. Al pari degli altri, il cristiano avverte la drammaticità di questa realtà e la necessità di capire meglio questo mistero. In questo tentativo ermeneutico egli può contare sulla Rivelazione[192], la quale gli attesta che il male può assumere una valenza positiva se vissuto in unione con il Cristo per la redenzione del mondo[193];

---

192   Per una panoramica generale è possibile consultare i seguenti testi: AA. VV., «Crisi e critica della teodicea», 2/93 Filosofia e Teologia, VII, Napoli, Edizione Scientifiche Italiane, 1993; S. Natoli, L'esperienza del dolore, Milano, Feltrinelli, 1992.

193   Cfr Col 1, 24: «Perciò sono lieto delle sofferenze che porto per voi e completo nella mia carne quello che manca ai patimenti di Cristo, a favore del suo corpo che è la Chiesa». Sulle necessità per il cristiano di comprendere il perché del male Cfr P.Teilhard De charden, Sulla sofferenza, Queriniana, Brescia 1991, 40; M. Malaguti, Liberi per la verità, Cappelli, Bologna 1980, 111.

Gesù, il solo giusto, ha accolto la sofferenza, l'ha portata a sé per ricondurre l'uomo a quella condizione in cui si trovava all'inizio dei tempi, prima che scegliesse di essere la misura del bene e del male. Accogliendo l'invito del serpente, Adamo ed Eva avevano infatti introdotto nella vita il dolore. Il racconto biblico[194] lascia chiaramente intendere che la persona non è in grado di conoscere che cosa sia il bene senza il soccorso della grazia divina, tanto che non appena crede di essersi svincolata dal Signore e di poterne prendere il posto, scopre la propria nudità, simbolo dell'umana incoscienza. Nella Croce risplende, dunque il cristiano nell'infinita misericordia di Dio che, come dice San Bonaventura[195], da primo si è fatto ultimo e ha condiviso la nostra condizione per portarci a una nuova realtà di pienezza. La notte di Pasqua, nel dare l'annuncio della Resurrezione, la Chiesa definisce „felice colpa" l'azione dei Progenitori, perché «meritò di avere un così grande Retentore»[196].

Il cristiano vive nel mondo, e per esprimere le verità della fede, usa i termini e i concetti del suo tempo. Ma in questa opera non sempre gli è riuscito di rielaborare quanto di positivo c'era nelle altre culture: talvolta ne ha anzi subito l'influsso, fino ad allontanarsi dalla stessa Rivelazione.

Il Pelagianesimo, ad esempio, di fronte allo scarto tra la problematicità dell'esistenza e lo sforzo morale dell'individuo, ipotizzò una sorta di dovere da parte di Dio di ricompensare l'impegno etico, perché diversamente Egli sarebbe ingiusto. Queste posizioni, condannate nel Concilio di Cartagine (418)[197], presuppongono che all'agire umano moralmente ineccepibile (ma già questo è di per sé impossibile), l'Altissimo faccia corrispondere il premio che sulla terra non

---

194   Cfr Gn 3; per l'interpretazione si veda E. Stein, Essere finito e Essere eterno, Città Nuova, Roma 1992/2°, 419.

195   Cfr S. Bonaventura, In Hexaem., I, 17, Op. Om./IX, 18.

196   Messale romano, Città del Vaticano, Libreria Editrice Vaticana, 1883/2°, p. 300; per la versione originale cfr. De cantu Praeconii Pascalis, in: Liber usualis Missae et Officii, Tournai-Romae, Desclèe & Socii, 1992, p. 776.

197   Cfr DS 222-230.

ha concesso. Si è quindi al difuori della logica della gratuità del dono divino, quasi che l'uomo avesse stipulato un contratto con un suo pari.

L'infondatezza di questo atteggiamento è rivelabile da diversi testi biblici[198], ma in particolare il Vangelo, laddove Cristo rimprovera l'atteggiamento del fariseo che nel tempio esibisce le proprie virtù, a differenza del pubblicano che si percuote il petto chiedendo perdono[199].

All'opposto del Pelagianesimo, nel tentativo di legittimare l'assolutezza dell'agire divino, il protestantesimo ha svalutato del tutto quello umano, trovandosi poi nella difficoltà di poter fornire una spiegazione razionale del male. Partendo dai presupposti luterani del De Servo Arbitrio, i riformatori si opposero alle teorie cattoliche che ne attribuivano la responsabilità al cattivo uso della libertà, tanto che la persona di Calvino giunse ad affermare che se la persona erra è perché Dio dispose così.

Ai nostri giorni, il teologo protestante Jurgen Moltmann ha risposto con scottante realismo il dramma della Croce, accusando i cristiani di aver ridotto il Crocifisso a un ornamento[200].

La sua opera di rilettura della sofferenza alla luce della fede, è senz'altro profonda e ricca di fascino, ma altrettanto lontana dalla visione cattolica. A suo parere la Passione del Signore va considerato in sé (quindi al difuori dell'evento della resurrezione), a differenza di quando fanno coloro che definisce „teologi della gloria", colpevoli di „odiare la

---

198   Ad esempio nel libro di Giobbe; cfr. Giobbe 38ss. Una singolare attuazione del testo, seppure priva di riferimenti scientifici, è costituita dal volume dal volume di P. Lipperti, Giobbe parla con dio, Studium, Roma 1994; in esso si adombra anche l'ipotesi che le sventure di Giobbe descritte nel testo sacro possono essere lette in chiave simbolica come ricerca di "senso", la cui mancanza provoca il soffrire dell'uomo (si veda ad esempio le pagine 52 e 57).

199   Cfr Lc 18, 10 ss.

200   Cfr J. Moltmann, Il Dio crocifisso, Queriniana, Brescia 1973; in particolare i primi due capitoli che raggiungono nelle pagine 54-56 i toni più accesi. Sul valore dell'opera di Moltmann si può vedere quando afferma Tiliette in X. Tiliette, La settimana santa dei filosofi, Morcelliana, Brescia 1992, 68.

croce e la passione". Facendo proprie le tematiche di Lutero, afferma che nell'abbassamento della Croce «Non si giunge quindi alla divinizzazione dell'uomo, bensì proprio alla sua de-vinizzazione»[201]. Come riconosce egli stesso, sono posizioni nettamente divergenti rispetto a quelle cattoliche, San Bonaventura, ad esempio, nella contemplazione delle sofferenze di Cristo poneva le basi per l'ascesa spirituale a Dio e la conseguente "divinizzazione" dell'uomo[202].

Questo atteggiamento della riforma può essere compreso se si considera che essa nega il valore salvifico di gran parte dei sacramenti e afferma l'impossibilità per l'uomo di conoscere razionalmente la divinità (concezione fideistica)[203].

Per questo, essendo preclusa a priori la possibilità di riflettere sul dolore e di sapere se gioverà alla salvezza personale altrui, di fronte ai drammi dell'umanità e all'urgenza con cui la ragione chiede conto del perché continuare a credere, non rimane che ipotizzare un valore in sé della sofferenza.

Scrive Pierre Teilhard De Chardin: «L'idea di un valore del sacrificio e della sofferenza considerati in se stessi (mentre il valore della sofferenza sta semplicemente nel pagare una qualche conquista utile!) è una perversione pericolosa (e tipicamente „protestante") del „significato della croce"[204].

Anche altre teorie hanno esercitato il loro fascino sui credenti, e forse continuano tutt'oggi a esercitarlo. Il Manicheismo, ad esempio, affermò che ci sono due principi coeterni, l'uno benefico e l'altro malefico, in continua lotta fra di loro,

---

201   Cfr J. Moltmann, Il Dio crocifisso, 247-248. Sul tema della „divinizzazione" è significativo il testo di. J. Ratzinger, Guardare il crocifisso, Jaka Book, Milano 1992, 30.

202   Cfr Bonaventura, Opuscola spiritualia, XIII; in particolare si veda De perfectione vitae-Ad Sorores, VI e il cap. De mysterio passionis nell'opuscolo Lignum vitae.

203   La conoscenza razionale di Dio non implica la sua "comprensione" in senso esaustivo. Su questo argomento e sul fideismo; Cfr G. Sgubbi, «La tentazione di Adamo», in I Martedì, Febbraio/Marzo 1993-n.2 (111) - anno 17, 19-22.

204   Cfr P. Teilhard De charden, Sulla sofferenza, 96. È Significativo che Kant, di formazione puritana, nella sua opera abbia negato ogni possibile teodicea: F. Costa, «attualità della teodicea?» in Filosofia e..., op. cit., 223-250.

giungendo cosi all'aporia, come Sant'Agostino ha fatto notare[205].

È nostra convinzione che si possano ridurre a questa visione della realtà anche alcune concezioni orientali che si stanno diffondendo in Occidente con crescente successo: dalle tecniche di mediazione agli amuleti con due principi Yin e Yang, comune è infatti il presupposto che l'uomo sia sottomesso a due forze contrapposte, l'una positiva e l'altra negativa. Oltre alle contraddizioni cui conducono tali forme di pensiero, è importante rilevare che esse implicano, in modo più o meno diretto, la «responsabilità» morale del singolo: è il prevalere dell'una o dell'altra che determina il suo agire.

All'individuo non resta allora che annullare l'autocoscienza, perché tolta essa è eliminato anche il dolore[206].

L'idealismo ha posto invece una spiegazione immanentista: l'Assoluto persegue fini a noi ignoti, e ciò che si palesa come un male è in realtà un bene in quanto voluto da esso.

È la teoria hegeliana della "astuzia della ragione"[207], che ha come conseguenza l'impossibilità di dire che cosa sia bene e cosa non lo sia, per cui si legittima tutto ciò che accade, sia esso un evento naturale o umano.

Questa linea filosofica fu ripresa anche dai neo-idealisti,

---

205   «Mi sarebbe basato di usare contro i manichei, ingannatori, l'argomento che fin dai tempi di Cartagine soleva porre innanzi Nebridio, e che aveva scosso quanti l'avevano udito. Cosa avrebbe potuto fare a te, o Dio, quella, chissà poi quale, genia delle tenebre, che ti si oppongono generalmente come massa contraria? Tutto ciò che esiste è bene, e il male, di cui cercavo l'origine, non è una sostanza incorruttibile, e allora sarebbe inevitabilmente un grande bene; o una sostanza corruttibile, ma questo non potrebbe corrompersi senza essere buona». S. AGOSTINO, Confessio.VII, 3, CSEL 142-143. Per la critica di questa posizione cfr. Tilliette, La settimana santa dei filosofi, Brescia, Morcelliana, 1992, 68-69.

206   Cfr M. Malaguti , Liberi per la verità, 114.

207   Sulla posizione Hegeliana ci sembra di condividere il parere di Mura: «Non una religione entro i limiti della ragione, ma piuttosto una religione che sia espressione della ragione, e quindi della fede che sia essa stessa ragione», G. Mura, Angoscia ed esistenza, Citta Nuova, Roma 1982, 9. Si veda anche X. Tilliette, op.cit., 68; M. Malaguti, Liberi per la verità, 11 ss.

tra cui Benedetto Croce che, a seguito dei drammi della guerra, rimise in discussione parte delle sue dottrine[208].

Gli olocausti dei due conflitti mondiali hanno fatto sì che la nostra epoca avvertisse l'urgenza di riflettere sulla sofferenza forse come mai era accaduto prima; ne è prova l'ingente produzione di studi e di ricerche su questo tema[209].

Va però detto che il tratto comune di molti lavori è che, sebbene descrivano con profondità e acribia le forme del soffrire, tuttavia spesso giungono a propone il significato. In queste poche righe non è nostra intenzione ripercorrerli tutti, ne possiamo esporre una teodicea. Desideriamo solo richiamare alcune idee proprie della riflessione cristiana di tutti i tempi, nella speranza che possono essere di chiarimento e di utilità per una maggiore comprensione e per un'opera alla speranza. La prima osservazione che occorre fare riguarda l'atteggiamento con il quale riflettere su questo tema. Spesso infatti se ne tratta con fare prevenuto; si dà per acquisto che Dio dovrebbe comportarsi in un determinato modo, per cui si argomenta che se non lo fa è perché si è dimenticato di noi e non ci ama. Oltre la blasfemia, questa conclusione trae origine da una mal celata superbia della ragione che crede poterlo chiamare in giudizio davanti al proprio tribunale. Tra i numerosi passi biblici, ricordiamo quello in cui Dio chiede a Giobbe che si lamenta per la sorte avversa dove fosse quando venivano fissate le fondamenta della terra e del cielo[210].

Il brano sacro non è da intendersi come invito a non cercare di capire, ma a farlo con l'atteggiamento di chi desidera apprendere piuttosto che giudicare. Se desideriamo conoscere i perché ultimi della nostra esistenza, potremmo dire con il Serafico Dottore che occorre farlo con amore alla verità e non per curiosità.

Ciò è quanto mai importante nell'indagine sul dolore per-

---

208   Cfr N. Abbagnano-G. Fornero , Filosofi e filosofie nella storia, Paravia, Torino 1986, 392.

209   Cfr Il capitolo Auschwitz o la questione di Dio, in J. IMBACH, Nostalgia di Dio, Edizione Studium, Roma 1992, 35-56.

210   Cfr Gb, 37 ss.

ché, come ha affermato Jacques Maritain, «la trascendenza divina è oscura per noi, è una notte per la nostra ragione. Essa include delle verità che sulle prime sembrano inconciliabili»[211].

Fatta questa promessa metodologica, possiamo fare un successivo passo nella nostra indagine richiamando quanto già accennato nella critica al Manicheismo: se non vogliamo incorrere in affermazioni aporetiche, dobbiamo ammettere che l'origine del bene non è al contempo causa del male. Ciascuno di noi, quando lotta contro una malattia, è convinto in fondo che essa sia contraria al bene che è l'esistere, tant'è che il suo sforzo è proprio quello di ristabilire la condizione da cui è in qualche modo decaduto. Così possiamo spingerci ad affermare che il dolore può essere inteso come testimonianza di un bene assente, come segno della nostra vocazione all'Essere-Bene: se soffriamo è perché in modo più o meno consapevole siamo stati privati di qualcosa che ci realizzava e di cui conserviamo la memoria, anche solo nelle piaghe più profonde della nostra interiorità.

Come potremmo soffrire per la mancanza dell'Essere-Bene se a esso non fossimo chiamati? Emmanuel Lévinas sostiene che lo scarto tra l'interpretazione cristiana e quella esistenzialista del male è proprio questa: «Certamente il male significa una „fine" del mondo, ma una che, in maniera molto significativa, conduce aldilà; altrove rispetto all'essere, ma perché altrove rispetto al nulla, ad un „al di là" che non concepisce né la negazione, né l'angoscia dei filosofi dell'esistenza»[212].

Chiarito che il male non ha origini in Dio, non rimane allora che volgerci a ciò che è altro da Lui, per vedere se sia pos-

---

211   Cfr J. Maritain, Dio e la permissione del male, Morcelliana, Brescia 1983, 17. Per il riferimento al pensiero Bonaventuriano si veda V.C. Bici, Sapienza, scienza, studio in pace e bene, anno XXIX n.11, dic. 1984, bologna, 7-18;, Malaguti afferma: «La verità infatti non è diritto di conquista di una mente acuta o di saggezza culturalmente mutata dalle tradizioni diverse civiltà, ma è la benedizione di chi la cerca senza nessuna intenzione strumentale, come patria della libertà» M. Malaguti, Liberi per la verità, 107.

212   Cfr E. Levinas, Di Dio che viene all'idea, Jaka Book, Milano 1983, 155.

sibile indicare in esso la causa. La creazione però, in quanto opera divina, non può essere in sé malvagia perché come ci ammonisce il libro della Sapienza (1, 14), il Creatore non ha posto nelle cose „veleno di morte". D'altronde sarebbe contraddittorio sostenere che colui che francescanamente definiamo „Tutto il Bene" voglia o faccia cose malvagie. È ancora Sant'Agostino che ci aiuta a individuare ciò che è radicalmente altro da Dio: «Non derivano da Te solo il nulla e il distacco della volontà da Te, che sei l'Essere, verso beni inferiori, poiché quel distacco è colpa e peccato»[213].

Riflettendo in questa direzione, emerge che la sofferenza è connessa al cattivo uso della volontà. Nel momento in cui gli angeli e gli uomini, le uniche creature dotate di libertà e di intelligenza, hanno voluto ciò che era lontano da Dio, ha avuto inizio il dramma del male anche per gli altri esseri; il demonio con la tentazione introduce il male nella vita dell'uomo e costui, a sua volta, accettando l'invito del serpente lo estende a tutto il creato.

Il male non è dunque voluto dal Bene. È anzi, all'opposto, privazione, rinuncia a esso[214].

Questa ipotesi riesce tanto più convincente se si considera la dinamica della libertà.

La creatura, come sostiene San Bonaventura, è metafisica-

---

213   Cfr Agostino, Conf. XII, 11: CSEL 317. Gilson commenta: «Strettamente parlando, il male non esiste. Ciò che con questo nome si designa si riduce all'assenza di un certo bene che in natura dovrebbe possederlo. È quanto si esprime dicendo che il male è una privazione. La natura decaduta è dunque cattiva in quanto viziata dal peccato, ma essa, in quanto natura, è un bene: precisamente, essa è quello stesso bene in cui il male esiste e senza il quale non potrebbe esistere». E. Gilson, La Filosofia nel Medioevo, La Nuova Italia. Firenze 1983, 159. Per la tematica francescana di Dio come "tutto il Bene" si veda LAlt (FF 261); Rnb 23, 27-30 (FF 70).

214   Sulla caduta degli angeli si veda 2 Pt 2, 4 e passi paralleli; per il racconto della tentazione Gen. 3,1 ss., Malaguti, riprendendo la concezione scotista, in polemica con l'idealismo hegeliano sul tema della necessita del peccato originale afferma: "Era possibile una storia della salvezza come cresciuta libera verso Dio già prima del peccato; e sarebbe stata immensamente più ricca di slancio e di realizzazione. Non fu il peccato a rendere possibile la storia della salvezza, non fu necessario il peccato» M. Malaguti, Il tempo della libertà, Club, Bologna 1983, 120.

mente inconsistente, riceve cioè il proprio essere per partecipazione, perché vocata dall'essere. Dalla relatività ontologica deriva quella morale: se la sua esistenza è resa possibile da un rapporto, ne consegue che anche l'agire non può essere autonomo (norma di se stesso), ma deve mantenersi in quella relazione che fa sì che essa sia.

Nel momento in cui la creatura sceglie di allontanarsi dall'Essere, illusa della propria autocoscienza, si priva da sé medesima de Bene, partecipando da uno stato di pienezza a uno di privazione o, che è lo stesso, di male.

A differenza degli angeli, l'uomo - prosegue il Dottore Serafico - si trova attualmente in uno stato perfettibile in cui gli è ancora consentito di esercitare la propria libertà nelle scelte, quotidiane mediante il libero arbitrio; egli può cioè orientarsi all'Essere o al Non-Essere, accettare l'ordine metafisico o rifiutarlo, scegliere la comunione o l'autonomia. Come all'inizio la libertà ha determinato l'irruzione del male nella vita, come il piano etico ha corrotto quello ontologico cosi, terminato lo status viae, quando verrà meno la contingenza del libero arbitrio, l'uomo sarà giudicato sull'habitus della sua libertà (piano morale) e godrà i frutti delle sue azioni: se avrà saputo tendere al Bene, rafforzato in ciò della libera accettazione dell'aiuto della Grazia, entrerà nel possesso pieno e indefettibile di Esso (piano ontologico)[215].

In questa prospettiva non è accettabile l'obiezione di quanti sostengono che Dio, essendo onnipotente, dovrebbe intervenire a eliminare il dolore. Oltre a quanto abbiamo già detto sulla volontà di farsi arbitri del bene e del male, occorre tenere presente che:

A) Se Dio agisse in tal modo eliminerebbe anche la libertà dell'uomo e degli angeli, perché toglierebbe gli effetti di una

---

215   Per il riferimento al tema della caduta portata dal peccato originale si veda: Bonaventura, Itinerarium mentis in Deum, I, 7: Op. Om./XII 4. per un'analisi dettagliata del tema della libertà nel suo in San Bonaventura si veda lo studio sulla Dottrina della libertà di Bigi in V.C. Bigi, Studi sul pensiero di San Bonaventura, , Edizione Porziuncola, Assisi 1988, 249-271.

scelta di fatto negare la stessa possibilità di scegliere.

Scrive Yves Congar: «Dove sarebbe la libertà se, ogni volta che io volessi dire una menzogna la parola mi arrestasse in gola, se, quando volessi percuotere uno ingiustamente, la verga si trasformasse in un nastro di seta e la spada in un fiore?»[216].

Per questo la risposta del Dio misericordioso è stata l'incarnazione del Verbo, che ha offerto all'uomo una nuova possibilità di optare per Lui, gli ha donato nuova mente la propria alleanza lasciandogli però sempre la libertà di rifiutarla e di optare per i dolorosi frutti dell'orgoglio[217].

B) Seguendo le orme di Cristo, l'uomo può cooperare alla redenzione assumendo la propria croce. Anche se al momento non è dato vedere i benefici prodotti dalla sofferenza oblata, ciò non significa che essi non ci siano.

Escludere che essa possa avere un fine e che in una dimensione ultramondana il Bene e la giustizia trionfino, significa essere ripiegati sulla dimensione terrena in una prospettiva atea. In quest'ambito l'esortazione di Gesù a pregare per essere esauditi è da intendersi come invito a chiedere innanzitutto la fede e il Regno, tant'è che i miracoli, in quanto interventi straordinari nell'ordine del creato, vengono attuati perché l'uomo si converta e creda.

Al termine delle diverse narrazioni evangeliche, troviamo infatti espressioni quali «e i suoi credettero in lui». San Paolo

---

216   Cfr Y. Congar, Sul buon uso della malattia. Una visitatrice scomoda, Queriniana, Brescia 1993, 13 ss.; S. Kierkegaard nel diario, 1884, VII A 181, scrive: «Soltanto l'onnipotente può riprendere sé stessa mentre si dona, e questo rapporto costituisce appunto l'indipendenza di colui che riceve. L'onnipotenza di Dio è perciò identica alla Sua Bontà. Perché la Bontà è di donare completamente, ma così che, nel riprendere sé stessi in modo onnipotente, si rende indipendente colui che riceve» (per la traduzione abbiamo citato da Il problema della fede, a cura di C. Fabro, Brescia, La Scuola 1978, 191 ss).

217   Cfr V. Croce, Quando Dio sarà tutto in tutti, Piemme, Casale Monferrato 1987.

ammonisce: «mentre i giudei chiedevano i miracoli e i greci cercavano la sapienza, noi predichiamo Cristo crocifisso, scandalo per i giudei, stoltezza per i pagani»[218].

Similmente, nello slancio d'amore per il Cristo sofferente, con lo Stabat Mater il credente chiede di essere associato alla sua passione, perché sa quali benefici ne derivano per sé e l'umanità.

Queste brevi riflessioni non vogliono essere un invito alla rassegnazione o, peggio, al masochismo. Il cristiano deve anzi impegnarsi per lenire le sofferenze proprie e quelle altrui, deve impegnarsi per eliminare le ingiustizie e i soprusi secondo le sue capacità e possibilità (si pensi alla parabola del buon samaritano). Nella vita può però capitarci di avere fatto quanto era in nostro potere senza riuscire ad allontanare la sofferenza. Oppure, cosa ancora più drammatica, di vedere che nonostante il nostro impegno nel seguire in Bene esso risulta perdente quanto non addirittura fonte di travaglio. La domanda sul male e l'atteggiamento da assumere si pone quando la volontà e le forze umane sono sommerse dagli eventi. In tale circostanze o scegliamo per una delle svariate forme di ribellione che restano comunque precluse alla speranza e non portano giovamento, oppure ci apriamo ad una dimensione più profonda in cui trovare il senso di ciò che senza mistificazione o falsi fideismi bisogna definire contrario alla vita[219].

---

218   Cfr 1 Cor 1, 22-23.

219   Cfr M. Malaguti, Il tempo della libertà, 111.116: «chiedete un pò a quei buoni preti che hanno cercato di consolare i sofferenti con dettati astratti e razionalistici: quanta fede hanno perduto essi stessi ed hanno fatto perdere cercando di "difendere" razionalisticamente quel singolare migliorismo dogmatico nel quale hanno creduto di doversi consolidare. Chi vuol consolare un uomo che soffre non deve autoproclamarsi avvocato difensore di Dio. Dio cerca testimoni, non avvocati difensori». Maritain scrive: «Ma non dimentichiamo che d´altronde anche tutti questi progressi „siamo nella storia di questo mondo" saranno più o meno guastati, (non troppo, voglia iddio) dal male che progredisce contemporaneamente. E questa specie di accavallarsi del bene sul male, e del male sul bene, e più ancora (con tutte le riserve che ho indicato) del bene sul male, ebbene, questa, è la storia del genere umano», J. Maritain, Dio e la permissione del male, 80. Sulla speranza come tratto distinto della concezione cristiana rispetto alla altre, ci sembra importante indicare (sebbene non abbia taglio scientifico), l'intervento di S. Natoli, «Per

Theilard de Chardin, figura certo singolare ed enigmatica del nostro tempo, ha scritto alcune intense pagine sulla morte presentandola come l'evento che ci pone nelle mani di Dio, quasi il crogiuolo che facendoci sperimentare tutta la nostra impotenza e relatività ci mette definitivamente davanti al bivio della fede o della disperazione. Riguardo alla malattia, egli giunge ad affermare che «ciò che è un liquore mortale per altri, il cristiano può dominarlo ed assimilarlo al punto di trarne un accrescimento di vita»[220].

Nella liturgia la Chiesa spiega ai credenti che senza la croce non è data resurrezione, e che proprio nell'accettazione del dolore in unione all'opera redentrice del Cristo è possibile acquistare la vita vera. A nostro parere la chiave interpretativa della sofferenza nella visione cristiana è questa: il dolore e la morte sono conseguenze di un cattivo uso della libertà agli inizi del tempo, ma non sono realtà definitive; possono anzi essere strumento per acquistare a sé e al mondo una felicità superiore a quella primigenia. Nell'ora della prova Blaise Pascal invocava: «Fammi la grazia, Signore, di unire le tue consolazioni alle mie sofferenze, perché io soffra da cristiano. Non chiedo di essere esente da dolori: poiché è la ricompensa dei santi; ma chiedo di non essere abbandonato ai dolori della natura senza le consolazioni del tuo Spirito. Che io non senta dolori senza consolazione; ma senta dolore e consolazione insieme, per arrivare infine a sentire solo le tue consolazioni senza alcun dolore»[221].

Come dice il filosofo francese, il credente non può chiedere di essere privato dalla sofferenza, perché se così fosse si innescherebbe un pericoloso meccanismo utilitaristico ove il credere sarebbe in funzione dell'ottenere benefici. Tuttavia, la presenza dello Spirito diventa la forza che gli permette di sostenere le pene trasformandole in "sacrificio", secondo

---

indicare il male? Il senso cristiano del dolore» in C. M. Martini, Cattedra dei non credenti, Rusconi, Milano 1992, 69-78.

220   Cfr. P. Thelard de Chardin, Sulla sofferenza, 40.

221   Cfr. B. Pascal, Il buon uso delle malattie, La Locusta, Vicenza 1986, 24.

l'etimo «sacrum facere». Questa stessa preghiera risulta invece priva di significato per coloro che sono chiusi a una prospettiva metafisica; per essi il male è una sciagura priva di senso, fonte unicamente di angoscia e stordimento.

Pellegrino alla Verna, Giovanni Paolo II ha ricordato come le stigmate ricevute dal Poverello d'Assisi fossero segno dell'adesione totale e quotidiana al Maestro, del «paradosso» evangelico che per salvare la vita bisogna perderla. I contemporanei ci hanno ci hanno trasmesso la testimonianza di come, pur tra mille dolori, il Povero d'Assisi non abbia mai perso la certezza che in quel modo poteva contribuire affinché il mondo ricavasse pace e bene. In un'epoca in cui la scienza e la tecnica hanno consentito un notevole miglioramento delle condizioni di vita senza peraltro riuscire a sconfiggere il male, sia esso dovuto a nuove malattie, o a nuovi egoismi, risuonano quanto mai profetiche le parole del Poverello d'Assisi: «Laudato sii mi Signore, per quelli che perdonano per lo tuo amore e sostengono infermitate e tribolazioni»[222].

3.5 Il futuro dell'uomo, come invito e come destino: Aspetti di una visione escatologica

Prima di presentare la prospettiva escatologica del morire e della morte, nell' ottica del Poverello d'Assisi, penso che sia logico esporre in sintesi quanto questa problematica abbia sempre coinvolto i pensatori di tutti i tempi e gettato su di loro un senso di profonda incertezza per il mistero che la morte reca in sé stessa. Chi si è chiesto in ogni tempo: con il morire a questa vita fisica l'uomo conclude il suo esistere e vi è un suo sopravvivere oltre la morte? E vi è una continuazio-

---

222   Cfr Giovanni Paolo II, Omelia pronunciata durante la Concelebrazione eucaristica preseduta nel Santuario della Verna, in: l'Osservatore Romano, anno CXXXIII, n. 215 (40-454). 18/9/1993, 4. La citazione è tratta dal celebre Cantico di Frate Sole, per la citazione e per le testimonianze sulla vita del Santo, cfr. Fonti Francescane, op. cit., (FF 263 e sez. seconda).

ne dell'esistenza, e in che modo si realizza?

Ecco il problema che ha tormentato il pensiero occidentale da Platone a oggi e che spesso la cultura post-moderna ha accontentato, illudendo e impoverendo i soggetti e l'intera comunità degli uomini di questo nostro tempo, soprattutto nella cosiddetta parte del mondo secolarizzato ed economicamente emancipato. In base a questa prospettiva, tipica del pensiero occidentale, sembra necessario offrire la speranza che ciò che non appare realizzabile nel tempo storico e nell'arco di una vita umana media, possa realizzarsi in un tempo diverso. I postulati dell'immortalità dell'anima e dell'esistenza di Dio, in Kant si giustificano proprio con un argomento di questo tipo. Se deve avere un senso lo sforzo di fare il bene e di agire secondo la legge morale, bisogna che si passa ragionevolmente sperare che il bene (cioè l'unione di virtù e felicità) si realizzi in un altro modo, visto che in questo palesemente non si dà[223].

Vi sono molti altri filosofi, come M. Heidegger, che guardano alla morte come quell'angoscia esistenziale, legata alla reale paura dell'uomo del tramonto del proprio essere, che fa temere la perdita totale della propria esistenza. L'angoscia per la morte è focalizzata da questo filosofo come «l'orrore del nulla»[224].

Eppure vi sono molti che non sembrano esternare i sintomi di questa angoscia mortale, anzi volutamente fuggono, perché non hanno saputo trovare una risposta a questa problematica e decidono come afferma B. Pascal: «di non pensarci»[225].

Questi tre filosofi hanno in comune la volontà di analizzare il problema della morte astraendosi da qualsiasi considerazione religiosa e senza alcuna prospettiva di immortalità personale. Per essi la morte è posta in una cornice individualistica, per nessuno dei tre il futuro storico appare una consolazione per la perdita radicale dell'esistenza personale, né offre una

---

223   Cfr G. Vattimo, Credere di credere, Garzanti, Milano 1996, 10-11.

224   Cfr M. Heidegger, Essere e tempo, Longanesi, Milano 1953, 278.

225   Cfr B. Pascal, Pensieri, Acquarelli, Lanciano 1991, 80.

garanzia per la conservazione dei valori.

Difronte a queste ideologie esistenziali, l'uomo del secolo XXI sembra incerto e smarrito. Sente di non poter dominare il futuro, come in un tempo non lontano aveva creduto, e oggi non riesce neppure ad immaginarlo, a causa dell'evoluzione del progresso in campo sociale, della sicurezza internazionale, della tutela della dignità concreta della persona a partire dai bambini e delle donne. Va inoltre segnalata la caduta della «metafisica» nella cultura contemporanea. Essa imponeva una seria riflessione sul senso delle realtà ultime e di quelle essenziali del reale e della vita. La ricerca sul senso ultimo si sposta: ora ci si occupa dei sensi penultimi, sul piano fenomenologico dell'immediato e delle realtà meramente contingente. Tutto ciò ha un comune denominatore nella secolarizzazione, intesa come la caduta di un orizzonte simbolico interpretativo della vita e dell'esperienza umana che aveva un riferimento diretto e sacro[226].

A livello popolare la cultura più diffusa esalta il senso dell'autonomia dell'uomo e dell'immanenza della sua storia e di conseguenza la non significatività dei valori escatologici[227].

A questo punto di questa breve esposizione, penso che sia utile riportare il pensiero di coloro che vedono la storia dal punto di vista dello spirito umano e colgono in ogni fatto un'espressione di vita.

Secondo questa valutazione, la provvisorietà degli eventi umani non chiedere la strada all'uomo, ma al contrario apre le porte alla continua potenzialità creativa della vita. In altre parole, l'incompiutezza dell'oggi fa scoprire all'uomo delle potenzialità inespresse e lo orienta verso un futuro che decisamente sarà diverso dal passato, cioè non sarà semplicemente la diversità cronologica tra passato e futuro: sarà

---

226   Cfr G. Vattimo, Credere di credere, Garzanti, Milano 1996, 10-17.

227   Il «cielo» del paradiso e il «fuoco» dell'inferno, sono simboli e realtà che il pensiero post-moderno, ha caratterizzato la totale negazione, e si è allontanata da qualsiasi forma di trascendenza; cfr La Civiltà Cattolica 143 (1992) II, 429-437.

qualche cosa di qualitativamente diverso. Non si tratta certo di una dimensione esistenzialmente altra, in quanto questa apparterrebbe alla realtà escatologica e non quella storica, pur con tutta la sua „sapienza", acquisita progressivamente dall'uomo, che induce al mutamento.

Il cogliere, secondo questa lettura della storia, il lato positivo della creatività e non sempre e solo quello negativo della caducità o limitatezza degli eventi umani, offre grandi e concrete possibilità a una escatologia di tipo cristiano. In questa dimensione, infatti l'uomo recupera il passato, vive il presente e si prepara al futuro entro un unico progetto globale, cosciente di camminare verso la meta, contingente e circoscritta nella dimensione spazio-temporale, ma non segnata dall'incertezza del nulla.

Valutato cosi il rapporto uomo-storia, questa può essere giustamente considerata „luogo" dove l'uomo può concretamente sentire la nostalgia di realizzare al meglio la sua relazionalità con i suoi simili e con il creato[228], forse mortificante perché priva di quel „qualcosa", o meglio „qualcuno", che appaga esistenzialmente oltre „l'effimero", ciò che egli fa, al di là di un mero successo di una attesa ingratitudine.

Questa nostalgia esistenziale è ciò che spinge l'uomo alla ricerca dell'dimensione-altra, che l'escatologia cristiana offre a colui che si decide per cristo. Tale dimensione avviene nella storia, supera le attese della storia, ma diviene, da parte di che l'accoglierà, senso del suo essere nella storia, pur essendo proiettata in una dimensione-altra che la storia non potrà circoscrivere, ma di cui anch'essa già benefica. Spesso, nel passato, è stato rimproverato l'escatologia di distogliere l'uomo dal presente per proiettarlo verso la dimensione ultra-terrena. Questa questione escatologica per il cristiano del passato, ha forzato questo aspetto, impoverendo cosi il valore soprannaturale dell'escatologia.

---

228   Cfr J. Moltmann, Teologia della speranza, Queriniana, Brescia 1970, 237-252.

Oggi potremmo dire che il credente in Cristo non può usare l'aspetto escatologico, inteso come „futuro", quale alibi per un disimpegno nella storia. Già la teologia sosteneva che o la chiesa e il magistero entra nella dimensione della realtà politica (cioè nel complesso vissuto dell'oggi con i suoi drammi), oppure non ha ragione di essere. Questa conclusione potrebbe sembrare eccessiva, ma la sostanza è da considerare. In questa scia il Poverello d'Assisi, ha vissuto il futuro come invito e come destino, egli fu l'uomo dell'esperienza escatologica e della speranza umana. Della prima, perché credette illimitatamente nel dio di Gesù Cristo, e in lui ripose la sua fiducia; della seconda, perché seppe fidarsi degli uomini e sperò in loro, negli altri essere e negli avvenimenti di ogni giorno. Per lui la speranza si sviluppo non solo in chiave teologica, ma anche in chiave umana e mondana.

Il Poverello d'Assisi visse tutta la sua vita in grande fedeltà all'oggi, ma completamente proiettato e rivolto verso il futuro. Il Celano lo chiama «l'uomo del secolo venturo»[229], l'uomo di un futuro più bello e più umano. Era talmente proiettato verso il futuro, che «non ritrasse il piede fino a quando coronò il buon inizio»[230] come autentico homo viator, perché «nel corpo si sentiva in esilio dal Signore»[231] al quale si dirigeva tutto il suo centro. Egli incarnò la coerenza più perfetta, ma era perfettamente consapevole di non averla raggiunta in pienezza. Per questo, «dimentico dei meriti, aveva davanti a gli occhi solo i difetti, mentre rifletteva che erano assai più le virtù che gli mancavano di quelle che aveva»[232], il suo atteggiamento era quello di essere sempre in cammino, volto

---

229   "Homo alterius saeculi" 1Cel 36 (FF 383).

230   Cfr 2Cel (FF 210). Nella vita e nella morte, del Poverello d'Assisi vediamo realizzate tutte le dimensioni antropologiche che abbiamo analizzato nei capitoli precedenti. In questo vertice supremo della sua vita riscontriamo che la sua personalità e perfettamente integrata in completa armonia di anima e di corpo in una trasparente libertà. È da questa situazione eccezionale si rivolge a Dio, un fratello degli uomini e di tutte le creature, è un padrone di sé stesso.

231   Cfr LegMag X, 1.

232   Cfr 1Cel 103 (FF 500): «Non lo sfiora nemmeno il pensiero di aver conquistato il traguardo e, perseverando, sperava di poter ricominciare da capo».

in avanti e in cessante superamento e in continuo gesto di addio. Come uno, che allontanandosi, completa tutta la valle dell'ultima collina e si volta si attarda e guarda, cosi viviamo, senza cessare mai di dire addio, il Poverello, d'Assisi lo visse come scelta e progetto voluto e mai smentito, perché convinto del futuro che lo attendeva.

Questa convinzione e questa speranza diedero alla figura del Santo, e alla sua opera un dinamismo incontenibile, una grande audacia e uno spirito creatore che si trasmisero poi alla famiglia come eredità indiscutibile e che si può riscontrare nell'atteggiamento esistenziale dei suoi membri e nell'elaborazione sistematica sia del pensiero francescano e sia anche, se in parte del Magistero della Chiesa.

Per parlare adeguatamente della morte, è indispensabile riflettere sul senso stesso della morte, che resta comunque un enigma che turba e spaventa. Alfonso Di Nola, uno studioso di antropologia, ne parla come di una gelida «signora nera»[233], che da sempre suscita, e continua a suscitare, interrogativi che l'lacerano l'intimo di ognuno e della stessa società. La morte non è soltanto l'ultimo istante della vita; essa traversa tutta l'esistenza: dalla tristezza della separazione e delle rotture, alla scomparsa dei vicini; del sentimento acuto del „mai più" alla tentazione di uccidere o di togliersi la vita. Dalla morte salgono innumerevoli domande, ma tutte, per lo più, restano senza risposta vera che convinca, che soddisfi, o almeno che chiarisca[234].

L'unica cosa certa della morte è che riguarda tutti, nessuno escluso. Nel mondo muoiono ogni giorno circa 155.000 persone, vale a dire 57 milioni ogni anno. E sappiamo che moriranno anche altri miliardi di essere umani che verranno

---

233   Cfr. A. Di Mola, *La nera signora, Antropologia della morte*, Newton Compton Editore, Roma 1995.

234   L'uomo, è stato per millenni, il padrone della vita e delle circostanze della sua morte. Oggi, invece, egli stesso, figlio della crisi delle ideologie, si trova di fronte ad una realtà non più ingabbiata dal sistema religioso che, attraverso gli strumenti della paura e del continuo appello alla conversione, rendeva la morte un elemento comprensibile e accettabile da ogni uomo. Cfr P. Aries, *La storia della morte in occidente*, Rizzoli, Milano 1978, 187.

dopo di noi: la morte resta drammatica e inalienabile per tutti e per ogni tempo.

Qualcuno può cercare di non pensarci, illudendosi così di non doversi confrontare con essa. Ludwig Feuerbach, ad esempio, nei suoi Pensieri sulla morte e l'immortalità, pubblicati in forma anonima nel 1830, scriveva: «La morte non è in sostanza che un fantasma, una chimera un nulla, nulla di positivo, nulla di assoluto, la cui immaginaria realtà non sorge che dalle nostre idee, un mero nulla, uno zero. Essa rapisce tutto senza eccezione di sorta, e quindi sparisce essa medesima. Sicché può dirsi che la morte nostra è a un tempo la morte della morte»[235].

Molti, cercano di affidarsi alle considerazioni di Pascal: ho visto gli uomini non possono cancellare la morte, l'allontanano, pensando cosi di essere felici. In verità tutti sperimentiamo la paura della morte e tutti sentiamo che resta un problema insolubile: nessuno sa veramente cosa esso sia[236].

 C'è un paradosso nella cultura contemporanea: l'uomo, mai come oggi, ha avuto strumenti efficaci per combattere la morte o allontanarla, eppure mai è stato così indifeso culturalmente nei suoi confronti. La morte diventa un tabù. Non è stato così nei secoli passati, come già abbiamo detto prima le esperienze religiose hanno robustamente aiutato l'uomo a dare un significato alla vita, ed elaborare il senso della morte e della sua presenza nella storia: è forte il bisogno di scongiurare disperazione e nichilismo[237].

E oggi l'uomo contemporaneo, nonostante i progressi raggiunti in numerosissimi campi, si trova senza parole nei confronti della morte. E fa di tutto per occultarla, negarla e, comunque, per non incontrarla. E se per un verso la morte viene occultata, desacralizzata, per l'altro verso si sono moltiplicati gli studi su di essa, nei vari campi del sapere; storia, religioni, filosofia, medicina, scienze umane. Si potrebbe dire

---

235   Cfr L. Feuerbach, La morte e l'immortalità, Carrabba, Lanciano 2009, 77.

236   Cfr B. Pascal, Il buon uso delle malattie, La Locusta, Vicenza 1986, 30 ss.

237   Cfr J. Ries, Vita ed eternità nelle grandi religioni, Jaka Book, Milano 2014.

che la morte non è stata mai messa a nudo come lo è oggi nella cultura contemporanea[238].

Nella cultura del mondo di oggi, la vita e la morte, sono ritenute un mistero; e quest'ultima resta per tutti un enigma misterioso. Molti, con atteggiamento superficiale, pensano che essa sia semplicemente uno degli eventi della vita, una tappa come tante altre[239].

Una certa cultura laica vorrebbe trasformare la morte in un evento banale, ma la morte non è mai banale: è solennità, e mistero. Ogni volta che qualcuno muore, un intero mondo scompare e si perde per sempre. La morte è sempre la chiusura dell'esistenza di una persona, l'interrogativo è come porsi difronte ad essa. Ci sono coloro che ci invitano ad accettarla con serenità, sottomettendosi al destino e accogliendo la lezione della finitudine così come si accoglierebbe un tramonto che non avrà più l'aurora.

Ci troviamo oggi di fronte a una domanda angosciosa: come evitare la morte, e perché la vita si dirige verso la morte? È certo che l'uomo non può vivere di paure, ma e anche vero che la paura, crea nell'uomo tanti dubbi e domande. E solo colui che crea e cresce insieme alla vita e alle paure, trova la forza e il coraggio di affrontare la morte, e vivere la vita con tutte le gioie e i dolori. Il Poverello d'Assisi, offre un valido stile di vita, per tutti quelli che vogliono: vivere la vita e superare il tabù della morte; dimostrando che l'impossibile si è fatto possibile, e che l'ideale ha trovato posto nel reale, il Santo Frate ci fa comprendere come la morte, può essere

---

238   È utile una lettura su questo fenomeno, direi che la morte non è stata mai come oggi, oggetto di studio, non è mai stata a nudo come oggi nella cultura temporanea. È giungerei a dire che è uno degli impegni più robusti della cultura contemporanea è proprio quello di aiutare uomini e le donne di oggi a liberarsi della coscienza della loro immortalità. Cfr O. Clément, Un luogo per rinascere. Ispirazioni di un cammino, Lipa, Roma 2010, 109-175.

239   Spellman ad esempio mentre ne rivela la signoria, peraltro nei secoli passati, afferma che oggi, nonostante sia nel pieno di una rivoluzione della mortalità, che ha invertito la percentuale dei decessi (prematuri o violenti) tipici della storia passata, oggi la morte viene sistematicamente occultata, e si riflette negativamente sulla vita. Cfr W.M. Spellmann, Breve storia della morte, Bollati Boringhieri. Milano 2015, 11.

vissuta come: «passaggio e possibilità».

Il tema della morte come abbiamo già detto antecedentemente, non è una questione solo di morale e religiosa; è una questione filosofica, poetica, artistica e una questione di umanesimo, dal momento che la morte è la cosa più sostanziale che può succedere nella vita. Per comprendere una vita, come per comprendere un paesaggio, è necessario scegliere bene il punto di vista; e non esiste nessuno migliore della vetta. Questa vetta è la morte. Da questa cima si deve analizzare l'insieme degli avvenimenti che hanno portato fino ad essa. In questo modo, gli agonizzanti vedono apparire in quell'ultimo istante tutti i successi della loro vita, la cui imminente conclusione conferisce loro un significato definitivo. L'uomo si definisce per il suo essere e stare nel mondo, ma questo stare non è una realtà permanente, ma piuttosto una situazione transitoria, temporale e limitata, e poiché dal momento che nasce l'uomo è già predisposto e destinato a cessare di essere. Il tema della morte è profondamente antropologico; e l'atteggiamento difronte alla vita cambia secondo l'atteggiamento che si ha difronte alla morte. L'uomo ha molti modi di vivere, e anche molti modi di morire:

A) Quello intellettuale che dubita, ma no del dubbio cartesiano, ma di quello unamuniano e vive l'angoscia perché certe certezze e garanzie su ciò che c'è dopo la morte, ma gli sfuggono in quel momento finale e decisivo.

B) Quello dell'uomo semplice ed umile che accetta la morte come una necessità in più oltre le tante che ha dovuto subire nel corso della sua vita senza chiedere perché e a che scopo.

C) Quello dello storico che l'accetta con rassegnazione ragionata come un avvenimento fatale che deve inevitabilmente succedere nella vita.

D) Quello dell'uomo etico che ha adempiuto le sue regole

morali, secondo lo stile di Socrate, e non ha nient'altro di cui preoccuparsi, poiché la missione della sua vita è compiuta.

E) Quello dell'uomo tormentato dell'aldilà che vede nella morte l'interrogativo umano se con essa termina tutto o, invece, comincia tutto. In questo atteggiamento la morte non ha solo un significato agonico, ma anche drammatico.

F) Quella dell'ateo, il quale, non credendo nell'aldilà, vede nella morte un'ultima stazione di una vita che doveva finire così, e forse si consola per il giudizio benevolo che la storia gli potrà riservare.

G) Quella del credente che vede nella morte un passo necessario per legarsi con l'oltre definitivo nel quale Dio è la piena garanzia del futuro dell'uomo. Credere nell'aldilà non significa non temere la morte corporale, ma costituisce una garanzia per la speranza umana e per accettare questo momento definitivo per quello che è, come passaggio che porta all'infinito.
Il Poverello d'Assisi superò tutti questi schemi comuni di accettazione della morte, ecco perché la chiama sorella. Per egli il morire fu originale come lo era stato nel vivere. La sua vita fu una celebrazione gioiosa, la sua morte fu la consumazione della sua incontenibile gioia. Il Poverello d'Assisi "accolse la morte cantando", dice Celano[240]. Non solo cantava difronte a sorella morte, che lo visitava, ma invitava a cantare in quel momento anche i suoi fratelli, e le altre creature e la morte stessa[241]. Il suo temperamento festivo e liberato rese possibile la trasformazione "dal pianto in giubilo; dal lutto in festa"[242]. E in questo modo così originale „volò libero al cielo"[243] come libero aveva vissuto. Effettivamente Dio concesse

---

240   Cfr 2 Cel (FF 214).

241   Cfr 2 Cel (FF 217).

242   Cfr 2 Cel (FF 217).

243   Cfr 2Cel (FF 214).

al santo la morte che meritava e che aveva sempre portato in sé perché la sua vita fu un permanente andare verso la meta della vita e quando arrivò quel momento si consumò d'amore serafico, in una morte senza morte, come dice san Bonaventura[244]. La morte per il Poverello d'Assisi significa gioia, festa, canto, perché questo fu la sua vita. In nessuna parte del mondo un uomo aveva mai umanizzato talmente la morte da chiamarla sorella morte. Il fratello universale ci insegnò un'ars vivendi, un'arte per vivere, e ci propose una nuova ermeneutica dell'esistenza; ma nello stesso tempo ci ha lasciato anche un'ars morendi, un'arte del morire, e una nuova ermeneutica della morte. Sia l'arte del vivere che l'arte del morire nella figura del Santo d'Assisi, non sono una tecnica né un'autodisciplina, ma uno stile, un atteggiamento, un modo di fare che si basa su un privilegiato modo di essere. Forse nessuno ha vissuto così intensamente la morte come il Poverello d'Assisi perché forse nessuno come lui interpretò la vita come passaggio, come pasqua, come addio, come esodo. La morte del Santo è per tutti noi una grande lezione antropologica, che cioè la morte e la vita dell'essere umano si compenetrano come i tralci di una stessa vite; che nell'uomo c'è un quotidiano morire ed un continuo nascere; che vivere e morire senza saperlo e che morire è vivere senza saperlo. L'uomo è mortale, cioè, deve morire, ma l'uomo morendo non si estingue come l'animale, ma cambia, si trasforma, sopravvive. Egli ci insegna ad amare sorella morte corporale perché essa forma un tutt'uno con la vita, alla quale conferisce il suo più alto significato e ci apre alla vita superiore. Ogni vita umana ha una dimensione di eternità che si raggiunge solo dal trampolino della morte. La morte è l'ultima possibilità temporale dell'uomo è quella che ci rende possibile la piena comunione con Dio che è amore. La morte difficilmente potrà essere compresa nel suo profondo significato, al di fuori della prospettiva della religione che le conferisce comprensibilità, dal momento che è un mistero o

---

244   Cfr LegMag XIV, 6 (FF 1243).

un problema-limite che sfugge non solo all'analisi empirica e scientifica, ma anche alla capacità relazionale dell'uomo. Per questo la morte non potrà essere compresa solo a partire da colui che non muore, da Dio, che è il superamento e la soluzione della morte stessa. Il Poverello d'Assisi, con la sua morte ci ha dimostrato che l'uomo è capace di trascendenza e di un amore creatore. Gregorio IX scrisse un indovinato epitaffio per la tomba del Poverello: „Morto prima di morire, vivo dopo morto". In questa vita soprannaturale trova significato il suo canto: «Laudato sii mi Signore per sora nostra morte corporale».

3.6 Vivere la morte cristianamente: uno sguardo sulle problematiche etico-cliniche di fine vita

Fin dalle grandi civiltà del passato ad oggi, la morte è stata vissuta con una gamma di atteggiamenti, adattandosi a tutte i vari momenti storici che si sono succeduti.
L'intento in questo paragrafo è quello di individuare più da vicino quale è stato l'atteggiamento dell'uomo nei confronti della morte, nella visione della vita che le fa da sfondo. La morte, nella società di oggi, in se non è un problema perché non è modificabile; è il processo del morire che è una parte molto importante della vita[245]. Nella gran parte della storia dell'uomo, la morte è stata considerata la componente di un processo naturale della vita. La medicina e la biologia hanno dimostrato in modo esauriente che ogni organismo umano non è in grado di rimanere in vita senza funzioni celebrali, cercheremo ora di offrire alcune considerazioni non tutte strettamente collegate a quelle esposte precedentemente, ma nelle quali ci sforzeremo di rinvenire un'unità nell'interpetazione francescana dell'evento della morte, chiamata da

---

245   Cfr S. Leone, L'accanimento terapeutico, Cittadella, Assisi 2009, 102-104.

Francesco stesso „sorella". Una notificazione di morte oggi si basa sulla diagnosi di morte celebrale, che consiste nella cessazione completa di tutte le funzioni celebrali e, determina un impossibile ritorno alla vita. Con il progresso della medicina, si prefigge di ritardare il momento della fine, la morte è stata medicalizzata[246]. Purtroppo questo è uno degli aspetti più tristi della morte contemporanea. Oggi con il continuo aumento del benessere individuale e sociale, l'allungamento della vita media, ha fatto sì che si muore più spesso in ospedale, lontano da tutti, che in casa, accerchiato dal mondo familiare, e questo contribuisce a ritenere la morte non più un evento personale e spirituale, connaturato alla condizione umana, ma l'evento terminale di una malattia. La crescente medicalizzazione della morte nella nostra cultura ha alterato l'interesse, portandola nel campo della medicina, pur non essendo una malattia. L'intervento del medico nella nascita e nella morte ha l'unico scopo di permettere il compiersi di un evento senza complicazioni né ritardi, operando una vera e propria prevenzione. Purtroppo la società attuale e la classe medica, negano la morte, e la fanno passare come un nemico da combattere, anziché conclusione di una inevitabile conclusione di vita[247].

Un tempo si sapeva morire, perché si imparava a morire, guardando gli altri, così come si apprendeva qualsiasi altro comportamento, la morte di un tempo era partecipata, sia dal mondo parentale che dal vicinato, esprimendo sensibilmente la sua solidarietà. Tutto questo oggi è andato totalmente scomparso, l'uomo del secolo XXII vuole essere lasciato solo con il suo dolore, ma soprattutto con la sua morte[248]. Molte volte la paura del morire è associato alla malattia, e in modo speciale a quella del cancro, il quale oltre a diventare il tabù del nostro tempo e diventato anche il simbolo della malattia

---

246   Cfr S. Leone, Manuale di bioetica, ISB, Acireale 2003, 146.

247   Cfr S. Spinsanti, Scelte etiche ed Eutanasia, Paoline, Torino 2003, 17-21.

248   Cfr G. Russo, Bioetica. Manuale per teologi, 239-240; S. Leone, Manuale di bioetica, 146-148.

mortale. Il cancro ha formato nel nostro secolo una specie di mitologia popolare fatta di immagini raccapriccianti, sensi di colpa e paura del contagio. Tutto ciò rovescia la natura della morte, e nei il morente né i familiari, né gli amici ne dirigono la sequenza degli eventi, e non solo; oggi il progresso biomedico, ha reso possibile prolungare la vita attraverso la cura di molte malattie un tempo mortale, e mediante macchinari in grado di mantenere le funzioni vitali in modo artificiale. Queste capacità scientifiche sono all'origine di nuove opzioni di vita, che a volte per alcuni esseri tenuti in vita in modo artificiale può non coincidere con la vita ancora degna di essere vissuta. A volte la decisione sulle terapie erano prese dal medico, su ciò che era meglio per il paziente (paternalismo medico), oggi il rapporto medico paziente è molto cambiato, viene coinvolto con tutti gli aspetti che riguardano la sua malattia, ed avere il diritto di accettare o rifiutare le cure proposte, la responsabilità morale e personale della persona viene direttamente coinvolta, legata alla propria visione del mondo, e al proprio modo di concepire la vita e la morte. La nostra Italia è ancora molto arretrata nel panorama europeo, ad esempio negli ultimi anni l'Italia ha maturato l'utilizzo della morfina o della sedazione nella fase terminale della vita. In questultimo periodo è stata varata una legge parlamentare sul testamento biologico e sul fine vita.
Le disposizioni del fine vita riguardano le seguenti tematiche:

- Accanimento terapeutico: la sua definizione è relativa al soggetto che la esprime. Con questa terminologia si intende indicare quei trattamenti sproporzionati e inutili rispetto al quadro clinico del paziente[249];
- L'eutanasia, è un atto diretto dal medico a provocare la morte del paziente sotto sua esplicita volontà[250];

249   Cfr F. Chussoy, Non sono un assassino. Il caso Welbj-Riccio francese, In Edizion, Bologna 2007.
250   Cfr C.A. Defanti, Vivo o morto?, Zadig, Milano 1999.

- Il testamento biologico, è un documento firmato che consente di dare disposizioni anticipate in caso di una malattia terminale o inguaribile, che renda incapace di comunicare ed esprimere la propria volontà[251].

Soffermando l'attenzione solo su questi significati, è facile cogliere profonde differenze tra di loro. I problemi tra accanimento terapeutico e dei limiti nel ricorso a tecnologie di rianimazione, o di terapia intensiva, si pongono all'interno di una situazione di lotta contro la morte, con tentativi che si sperano efficaci nello strappare a morte prematura il paziente. In tale contesto, il vero problema e quello dei limiti, cioè: fin dove è lecito insistere con tali tentativi, e dove comincia il dovere di sospenderli perché davanti alla morte, ormai inevitabile, il paziente sia aiutato ad accertarla, confortato dalla vicinanza affettuosa di persone care e allievato nelle sue sofferenze. Si tratta dunque di evitare una lotta ad in oltranza contro la morte, lotta disperata e assurda che finisce per rendere ancora più opprimente e angosciante la morte stessa. La morte è erroneamente giudicata una patologia da combattere con ogni mezzo. Il medico la vive come una sconfitta, e nel tentativo di ritararla, anche solo per qualche ora, pone in atto terapie inutili e gravose.Un'ultima giustificazione sbagliata è costituita da una sbagliata concezione della volontà di Dio. Dio, è padrone della vita e della morte, deve decidere in ultima istanza non solo quando un essere umano viene al mondo, ma anche l'esatto momento in cui debba abbandonarlo. In certa misura questo atteggiamento è consono alla fede cristiana. In tale visione si perde il ruolo delle decisione umane nelle quali la volontà di Dio stessa si inserisce[252]. Malgrado le variazioni che si registrano nel corso dei secoli, c'è sempre una continuità profonda con Dio e la vita, e il cristiano e la morte, e questo ruolo importante lo deve svolge-

---

251   Cfr B. Englaro, La libertà e la vita, Rizzoli, Milano 2008.
252   Cfr S. Leone, L'accanimento terapeutico, Cittadella, Assisi 2009, 10-14.

re colui che è chiamato a fare l'accompagnamento religioso negli ultimi mesi di vita.

L'accompagnamento religioso al di là di tutti i protocolli clinici, svolge un ruolo importante, aiuta il cristiano ad accogliere la morte come parte dell'esistenza umana, ogni volta che un credente muore si raduna attorno a lui l'intero universo: la Trinità, la corte degli angeli e dei santi, la chiesa della terra e l'intero genere umano, di ieri e di oggi, tutti accorrono al capezzale del morente. La teologia chiama questa convocazione, la comunione dei santi, la morte è riconosciuta come una Pasqua (passaggio) personale del credente verso il cielo. L'accompagnamento spirituale del credente nella morte, consente al singolo e ai molti di non vivere invano la morte di coloro che ci precedono: nel segno di questa fede e nella comunità, di questa eredità della riconciliazione della vita con sé stessa. Dio l'ha abitata. Dinanzi alle vertigini della morte l'accompagnamento spirituale e le mani strette della preghiera, hanno un valore inimmaginabile: significano legame, amore, sicurezza, continuità. L'amore che trasmette la preghiera con le mani che accarezzano, che detergono, che aiutano, che lottano contro il dolore e l'agonia, in certo modo sconfigge la morte. La morte, in effetti, mette fine alla vita, ma non alla relazione. E purtroppo il rarefarsi della compagnia e dell'accompagnamento del morente, è uno dei motivi del decadimento della dimensione umana del vivere oggi. Tornare a riflettere su questa dimensione dell'esistenza significa iniziare a ritessere quel nuovo umanesimo di cui tutti abbiamo bisogno per vivere meglio e morire degnamente.

CONCLUSIONE

Alla fine di questo lavoro, che ha permesso di approfondire alcune linee della prospettiva francescana sull'uomo, dal suo inizio fino al termine della vita, si desidera sottolineare come la visione antropologica, e per quanto mi riguarda etica, che emerge dagli Scritti di Francesco d'Assisi sia, innanzitutto, profondamente cristiana. L'uomo nella sua esistenza terrena, dal suo primo concepimento al suo fine vita, è visto alla luce del mistero dell'Incarnazione e della redenzione operata da Cristo.

Anche la realtà terrestre e corporea dell'uomo, la sua sofferenza e il suo dolore, vengono accettate con serenità, al punto tale che scompare il consiglio di fuggire il mondo, nel senso di separarsi fisicamente da esso, ma si suggerisce la pratica di una vita evangelica in esso e con esso. Una tale positiva visione dell'uomo nel mondo e della realtà terrestre, unita all'ottimismo della fratellanza tra gli uomini e dell'uomo con tutto il creato, viene incontro alle più intime aspirazioni dell'uomo, ponendo il Poverello vicino alle profonde esigenze umane dell'amore di Dio, dei fratelli e di tutto il creato.

All'inizio ci si è domandato se Francesco sia stato portatore di una sua visione di uomo, ora si può constatare che il Poverello d'Assisi non „studia" l'uomo e la bioetica, ma vive da uomo accanto ad altri uomini, in un'ottica strettamente etica, ai quali si rivolge per condividere il dono ricevuto da Dio. La sua non è una visione astratta, frutto di speculazioni filosofiche, etiche o teologiche, separata dalla vita, ma una concezione reale dell'essere umano, visto nel suo quotidiano.

Questa visione, etica, pur manifestando, in certa misura, l'influenza culturale dell'epoca, possiede aspetti che la rendono diversa da quella del suo tempo, grazie al costante riferimento al Vangelo, che per Francesco è il principale criterio per considerare l'uomo e la sua esistenza, e questo nella sua singolarità lo fa profeta del futuro. Davanti alla vita dell'uomo di oggi, che oscilla tra entusiasmo e delusione, tra euforia per le acquisizioni tecniche, e l'impotenza davanti al proprio destino, tra sentimento di dominio sulla natura, tra il desiderio di essere tutto, tra fiducia e utopia, e paura per il futuro egli spesso vive defraudato nelle sue speranze o illuso che la speranza non lo animi a sufficienza. E tuttavia non si può vivere senza speranza e senza speranze: sia che si tratti di esperienze: sia che si tratti di speranze vitali, banali, minute, a breve termine, penultime o della speranza escatologica.

Ogni epoca, ovviamente, ha i suoi successi e i suoi errori, le sue speranze e le sue distrazioni, le sue gioie di vivere e le sue frustrazioni. Ci sono epoche di decadenza ed epoche stanche. Ci sono momenti storici nei quali si sente e si vive l'impeto del sempre più, l'euforia del trionfo, lo slancio della crescita; e ci sono altre ore della storia nelle quali prevale la nostalgia, la stanchezza, la mancanza di creatività, un senso di disfattismo generalizzato e paralizzante. Conoscere le avventure della speranza significa penetrare nell'intima avventura dell'uomo in ciò che egli ha di ammirevole e sconcertante. Il movimento francescano e lo stesso Poverello, sia come forma e come stile di vita che come pensiero etico-filosofico, si comprende, spiega e precisa adeguatamente a partire dall'orizzonte della speranza. L'intera via del francescanesimo autentico costituisce un dualismo naturale-soprannaturale, questa presenza incessante pone l'uomo e in modo specifico il francescano in un atteggiamento di accoglienza incontro alla vita e alla morte in una speranza attiva.

Nello svolgere questa dissertazione, abbiamo riscontrato la difficoltà nella sistematicità della trattazione dei tre ambiti (antropologico, storico, e bioetico). Il fatto che avrebbero dovuto costituire uno il punto di partenza e di contestualizzazione della tematica scelta (Capitolo I) e l'altro lo spazio per un ulteriore riflessione, ha portato i due capitoli ad assumere un'importanza principale nel piano dell'intero lavoro.

La difficoltà nei tre capitoli (I, II, III) è data dal fatto che gli scritti di Francesco non sono trattati sistematici di teologia, e di bioetica, pertanto si potrebbe avere l'impressione di risentire gli stessi testi in più parti, oppure provare un senso di confusione passando velocemente da un testo ad un altro.

D'altro canto possiamo ammettere, in tutta onestà, che il dinamismo del lavoro è abbastanza ambizioso. Se il presente lavoro non ha il carattere dell'esaustività, un pò per volontà e un pò per incapacità di tempo e di forze dell'autore, si può però lanciare una sfida che abbia di mira proprio la ripresa della tematica e l'approfondimento della stessa.

Si permettano dei suggerimenti: Accanto ad un testo del genere potrebbe risultare assai affascinante considerare l'esperienza concreta del Poverello d'Assisi (magari esaminando anche le biografie del I secolo del francescanesimo) e leggerla secondo le aree antropologiche ed etiche qui considerate.

Un lavoro stimolante potrebbe essere, anche, quello di prendere i risultati di questo scritto e metterli a confronto con la visione antropologica cristiana contemporanea soprattutto con le linee giuda della bioetica contemporanea e con il pensiero conciliare e post conciliare.

Concludendo possiamo affermare che il Poverello d'Assisi è stato un grande benefattore dell'umanità perché è stato un vero profeta del futuro, un grande credente praticante e un uomo che ha portato la speranza ai vertici non solo della fiducia assoluta in Dio, ma anche nella fiducia a gli altri, alla vita e alla morte, ai quali si dà scarso credito.

BIBLIOGRAFIA

Fonti

Aa.Vv., Fonti Francescane, Editrici Francescane, Padova 2004.

Aa.Vv., Francesco d'Assisi, Scritti: Testo latino e traduzione italiana, Editrici Francescane, Padova 2002.

Aa.Vv., L'arte gotica, a cura di: Rolf Toman, 2004, Editrice Gribaudo, 2006.

Aa.Vv., Crisi e critica della teodicea, Edizione Scientifiche Italiane, Napoli 1993.

Aa.Vv., Dizionario Francescano, Messaggero, Padova 1995.

Aa.Vv., Dizionario Enciclopedico di Teologia Morale, Edizione, Paoline 1995.

Aa.Vv., Dizionario di Bioetica, Edizione, Deoniane 1994.

Aa.Vv., Dizionario Enciclopedico di Bioetica e Sessuologia, Edizione, Deoniane 2004.

Aa.Vv., San Bonaventura, Opera Omnia, Quaracchi, Roma 1902.

Studi

ABBAGNANO N., Fornero G., Filosofi e filosofie nella storia, Paravia, Torino, 1986.

ARIES P., Storia della morte in occidente: dal medioevo ai nostri giorni, Rizzoli, Milano 1975.

ANTONELLI F., Per Morire vivendo: psicologia della morte, Citta Nuova, Roma 1981.

BAJETTO F., Un trentennio di studi (1941-73) sul Cantico di Frate Sole, bibliografia ragionata, in «ItFr» 49 (1974), 5-62.

BARTOLINI R., Lo Spirito del Signore, Francesco d'Assisi guida all'esperienza dello Spirito Santo, Porziuncola, Assisi 1982.

______, Lo Spirito del Signore. Francesco d'Assisi guida all'esperienza dello Spirito Santo, Porziuncola, Assisi 1982.

______, Struttura pneumatologica del pensiero di S. Francesco d'Assisi, in «MF» 97 (1997), 373-405.

Batazzi F., L'ecologia e san Francesco, in «RTM» 17 (1985), 83-90.

______, La corporeità in S. Francesco d'Assisi, ovvero fratello corpo, in «RTM» 14 (1982), 269-281.

BELLINO F., Antropologia e Bioetica: ricerca interdisciplinare sull'enigma dell'uomo, Massimo, Milano 1997.

BELLANTONI L., Nel Mistero della Sofferenza, Ed. Cittadella, Assisi 2013.

BIGI V.C., La sapienza cristiana, Jaka Book, Milano 1984.

BIGI V.C., La dottrina della libertà, Edizione Porziuncola, Assisi 1988.

BRANCA V., Il Cantico di Frate Sole. Studio delle fonti e testo critico, Olschki, Firenze 1950.

BREZZI P., L'umanesimo teologale del XII secolo, in «Doctor Seraphicus» 18 (1971), 27-40.

BROCHU E., Chair, Esprit et Coeur dans l' Ècriture et chez S. Francois, in «Studium» 14 (1960), 313-328.

BONCINELLI E., L'Etica della vita, Rizzoli, Milano 2008.

BULDOT R., Mepris du monde, misère et dignitè de l'homme

dans la pensèe d'Innocent III, in «Cahiers de Civilisation Médiévale. X-XII siècles», 4 (1961), 441-456. Porziuncola, Assisi 1994.

CALOIRO G., La Comunicazione Medico-Paziente, Cittadella, Assisi 2012.

CARETTA F., Ai Confini del Dolore: salute e malattia nelle culture religiose, Citta Nuova Roma 1981.

CESARETTI A., Francesco d'Assisi per un rinnovato rapporto con la natura e gli uomini, in «ItFr» 57 (1982), 641-652.

CIANCARELLI S., Francesco Di Pietro Bernardone malato è santo, Nardini Editore, Firenze (1974).

CHARLESWORTH M., L'Etica della vita: i dilemmi della Bioetica in una società liberale, Donizelli , Roma 1993.

CHAUSSOY F., Nessuno è un assassino. Il caso Welby-Riccio francese, in Edizioni, Bologna 2007.

CROCE V., Quando Dio sarà tutto in tutti, Piemme, Casale Monferrato (AL) 1987.

CONGAR Y., Buon uso della malattia, Una visitatrice scomoda, Queriniana, Brescia 1993.

CHENU M. D., La theologie au XIIe siecle, J. Vrin, Parigi 1957.

D'AVRAY D., Some franciscan ideas about the body, in «AFH» 84 (1991), 343-363.

DEFANTI C. A., Vivo o morto, Zadig, Milano 1999.

DE MARZI M., San Francesco d'Assisi e l'ecologia, Borla, Roma 2000.

DE PARIS W., Rapports de saint Francois d'Assise avec le mouvement spirituel du XIIe siècle, in «EtFr» 12 (1962), 129-142.

DOZZI D., «L'antropologia di Francesco d'Assisi a partire dai suoi Scritti», in: Pasquale G., Taneburgo P., L'uomo ultimo. Per una antropologia cristiana e francescana, Dehoniane, Bologna 2006.

ELIAS N., La Solitidune del Morente, Il Mulino, 1985.

ENGLARO B., La libertà e la vita, Rizzoli, Milano 2008.

ESSER K., GRAU E., Antwort der Liebe, DCV, Rizzoli, Milano 2008.

_____, Franziskus von Assisi und die Katharer seiner Zeit, in «AFH» 51 (1958), 225-264.

_____, Il testamento di San Francesco d'Assisi, EFR, Milano 1978.

_____, Le Ammonizioni di San Francesco, Cedis, Roma 1974.

_____, Temi Spirituali, Biblioteca Francescana, Milano 1982.

FABRO C., Il problema della fede, La Scuola, Brescia 1978.

FAJDEK B., L'amore di Francesco verso gli uomini e le altre creature, in «VMin» 63 (1992), 237-250.

FLOOD D., Die Regula non bulletta der Minderbriider, DCV, Werl 1967.

FREYER J.B., Homo Viator. L'uomo alla luce della storia della salvezza, un'antropologia teologica in prospettiva francescana, Dehoniane, Bologna 2008.

GALATINO N., Sulla via della persona: la riflessione sull'uomo, storia, epistemologia, Figure e percorsi, (Ed.), Paoline, Torino, 2006.

GILSON E., La filosofia nel medioevo, La nuova Italia, Firenze 1988/3°.

GNIECKI C., La visione dell'uomo negli Scritti di Francesco d'Assisi, Antonianum, Roma 2007.

GRANDIS G., Etica della Vita, Verona, [s.n.] 2012.

HARING B., Etica Medicina, (Ed.), Paoline, Roma 1974.

HELEWA G., Il combattimento dell' "Uomo nuovo" nel messaggio ascetico di Paolo apostolo, in Ancilli E. (Ed.), Ascesi cristiana, Teresianum, Roma, 1977, 72-115.

HUBAUT M., Quand Saint Francois parle du corps, in «Evangile Aujourd'hui» 123 (1984), 12-19.

KUNG H., Della dignità del morire, Rizzoli, Milano 1996.

IACOBELLI P. A., Bioetica della nascita e della morte: storia incompiuta dell'esistere umano, Citta Nuova, Roma 2008.

IAMMARONE L., Ernest Bloch e san Francesco: due escatologie a confronto, in «MF», 82 (1982), 600-630.

IMBACH J., Nostalgia di Dio, Edizioni studium, Roma 1992.

IRIARTE L., Vision del mundo en San Francisco. Franciscanismo y sociedad contemporánea, in «VyV» 35 (1977), 97-119.

______, Vocazione francescana, Dehoniane, Bologna 2006.

IZZO L., La semplicità evangelica nella spiritualità di S. Francesco d'Assisi, Laurentianum, Roma 1971.

JOMAIN C., Vivere l'ultimo istante. Morire nella tenerezza, Edizione Paoline, Torino 1986.

LAURIOLA G., Introduzione a Francesco d'Assisi, La Scala, Noci 1986.

LAMB D., Etica alle frontiere della vita. Eutanasia e accanimento terapeutico, Il Mulino, Bologna 1993.

LAZZARI F., Il contemptus mundi nella scuola di San Vittore, Il Mulino, Napoli 1965.

LECLERC E., Le contigue de créatures. Une lecture de Saint Francois d'Assise, Franciscaines, Paris 1988.

LEONE S., L'accanimento terapeuticoi, Cittadella, Assisi 2009.

LEVINAS E., Di Dio che viene l'idea, Jaka Book, Milano 1983.

LEHMANN L., "Gratias agimus tibi". Structure and Contents of Chapter XXIII of the Regula non bullata, in «Laurentianum» 23 (1982), 312-375.

_____, Tiefe und Weite. Der universale Grundzug in den Gebeten des Franziskus von Assisi, DCV, Werl 1984.

LIPPERTI P., Giobbe parla con Dio, Studium Editrice, Roma 1964.

MALAGUTI M., Liberi per la verità, Ciappelli Editrice, Bologna 1980.

_____, Il tempo della libertà, Clueb, Bologna 1983.

MANSELLI R., Dolore e morte nella esperienza religiosa catara, in «DMS», 250-251.

_____, Il secolo XII: religione popolare ed eresie, Jouvance, Roma 1987.

_____, L'eresia del male, Morano, Napoli 1980.

MARANESI P., La morte di un uomo cristiano, gli ultimi anni di vita di Francesco d'Assisi, Cittadella Editrice, Assisi 1984.

MARTINI C.M., Cattedra dei non credenti, Rusconi, Milano 1992.

MARITAIN J., Dio e la permissione del male, Morcellina, Brescia 1983.

MATURA T., Francesco parla di Dio, Studi sui temi degli scritti di san Francesco, Biblioteca Francescana, Milano 1992.

_____, Francesco, un altro volto, il messaggio dei suoi scritti, Biblioteca Francescana, Milano 1996.

MERINO J. A., Umanesimo Francescano, Francescanesimo e mondo attuale, Cittadella Editrice, Assisi 1984.

MAZZE M., La cura della vita : Bibbia e Bioetica, Ed. Deoniane, Bologna 2015.

MESSA P. (Ed.), Bonaventura da Bagnoregio, Vita di san Francesco, Letture del secondo millennio, Paoline, Milano 2009.

MERINO J.A. , Chi sei tu? Chi sono io? San Francesco d'Assisi e il mistero dell'uono, Porziuncola, Assisi 2010.

MICCOLI G., «Gli Scritti di Francesco», in: AA. VV. Francesco d'Assisi e il primo secolo di storia francescana, Einaudi, Torino 1997.

MONTANARI B., La Fragilità del potere: l'uomo, la vita, la morte, Mimesis, Milano 2013.

MOLTMANN J. Il Dio crocifisso, Queriniana, Brescia 1973.

MURA G. Angoscia ed esistenza, Citta Nuova, Roma 1982.

NATOLI S., L'esperienza del dolore, Feltrinelli, Milano 1992.

NERI D., Eutanasia, Valori, scelte morali, dignità delle persone, La Terza, Roma 1995.

NICOLOSI S., Medioevo Francescano, Edizione Borla, Roma 1983.

NGUYEN-VAN-KHANH N., Gesù Cristo nel pensiero di San Francesco secondo i suoi scritti, Biblioteca Francescana, Milano 1989.

NULAND S.B., Davanti alla morte. Medici e Pazienti, La Terza, Roma-Bari 2002.

OCCHIALINI U., Dov'eri, Signore, quando…San Francesco d'Assisi e il mistero del male, Porziuncola, Assisi 2007.

OCCHIALINI U., La morte. E Poi? le domande dell'uomo, le risposte della fede, Porziuncola, Assisi 2011.

PASCAL B., Il Buon uso delle malattie, La Locusta, Vicenza 1986.

PELLEGRINI L., Gli Scritti e la reinterpretazione della

proposta francescana nella storia dell'Ordine minoritico, in: Cacciotti A. (Ed.), Verba Domini Mei. Gli Opuscula di Francesco d'Assisi a 25 anni dalla edizione di Kajetan Esser, Antonianum, Roma 2003.

POPPI A., Studi sull'etica della prima scuola francescana, Centro studi Antoniani, Padova 1996.

PICCINNI G., Il Medioevo, Mondadori, Milano 2004.

QUAGLIA A., San Benedetto e San Francesco: due regole a confronto, Messaggero, Padova 1990.

RATZINGER J., Guardare al crocifisso, Jaka Book, Milano 1992.

RUNCIMAN S., The Medieval Manichee, a study of the Christian Dualist Heresy, University Press, Cambridge 1961.

SABA A., Storia della Chiesa, dal potere temporale dei papi a Bonifacio VIII, 2, UTET, Torino 1954.

SABATIER P., Vita di Francesco d'Assisi, Porziuncola, Assisi 2009.

SCHMITT J.C., Medio evo superstizioso, La Terza, 2005.

SCHMUCKI O., La Malattia di Francesco, Biblioteca Sacro Convento, Assisi 1976.

SALVOLDI V., Al servizio della vita: sulle orme di Madre Teresa di Calcutta, Citta Nuova, Roma 1993.

SGRECCIA E., Bioetica, (Ed) Vita e Pensiero, Milano 1986.

SPINSANTI S., Vita fisica, Corso di Morale, Vol. 2°, (Ed.) Queriniana, Brescia 1987.

______, Scelte etche ed eutana, (Ed.) Paoline, Torino 2003.

SPITERIS J., «La contemplazione del creato nel cristianesimo orientale e in san Francesco», in Laurentianum 30 (1989), 61-83.

STEIN E., Essere finito e essere eterno, Città nuova, Roma

1992.

TETTAMANZI D., Bioetica. Nuove sfide per l'uomo, (Ed.) Piemme, Monserrato 1987.

TENENTI A., Senso della Morte e l'amore per la Vita nel rinascimento, Einaudi, Torino 1982.

TEILHARD DECHERDIN P., Sulla sofferenza, Queriniana, Brescia 1991.

TILLIETTE X., La settimana santa dei filosofi, Morcelliana, Brescia 1992.

TIMIO M., Stringimi la mia mano, vivere con speranza i tempi della prova e del dolore, Porziuncola 2011.

TUROLDO F., Breve storia della Bioetica, Lindau, Torino 2014.

VALTORTA A.U.,«L'uomo creato ad immagine del Figlio "secondo il corpo" negli scritti di Francesco d'Assisi», in: Battaglia V. (Ed.), L'uomo e il mondo alla luce di Cristo, L.I.E.F., Vicenza 1986, 151-226.

VAN DER LUUR V., Regola e vita dei Frati Minori, Porziuncola, Assisi 1960.

VAN DER PUTTEN J., Motivación ecològica para el Càntico de las Criaturas, in «VyV» 48 (1990), 89-96.

VAN DIJK W.C., Saint Francois et le mépris du monde, in «EtFr» 15 (1965), 157-168.

VANNI-ROVIGHI S., Studi di filosofia medioevale, I. Da sant'Agostino al XII secolo, Vita e Pensiero, Milano 1978.

VAUCHEZ A., La spiritualità dell'Occidente medievale. Secoli VIII-XII, Vita e Pensiero, Milano 2006.

VERONESI U., Il diritto di morire. La libertà del laico di fronte alla sofferenza, Mandadori, Milano 2006.

VOVELLE M., La morte e l'Occidente dal 1300 ai giorni

nostri, (Ed.) Laterza, Bari 2000.

VIVIANI W., L'ermeneutica di Francesco d'assisi. Indagine alla luce di Gv. 13-17. Nei suoi scritti, Antonianum, Roma 1983.

WOJTILIA K., Segno di contraddizione, Vita e Pensiero, Milano 1997.

ZAVALLONI R., L'uomo e il suo destino, Porziuncola, S. Maria degli Angeli 1994.